让孩子着迷的
趣味思维游戏

基础篇

张强 / 编

中國婦女出版社

图书在版编目（CIP）数据

让孩子着迷的趣味思维游戏.基础篇 / 张强编.—
北京：中国妇女出版社，2015.10
ISBN 978-7-5127-1144-0

Ⅰ.①让… Ⅱ.①张… Ⅲ.①智力游戏—青少年读物
Ⅳ.①G898.2

中国版本图书馆CIP数据核字（2015）第196992号

让孩子着迷的趣味思维游戏（基础篇）

作　　者：张　强　编
插图作者：少丹插画　金葆工作室　吴晓莉
责任编辑：陈　元
封面设计：周周设计局
责任印制：王卫东
出版发行：中国妇女出版社
地　　址：北京东城区史家胡同甲24号　　邮政编码：100010
电　　话：（010）65133160（发行部）　　65133161（邮购）
网　　址：www.womenbooks.com.cn
经　　销：各地新华书店
印　　刷：北京集惠印刷有限责任公司
开　　本：170×235　1/16
印　　张：14.5
字　　数：200千字
版　　次：2015年10月第1版
印　　次：2015年10月第1次
书　　号：ISBN 978-7-5127-1144-0
定　　价：29.80元

前言

三百多年前，有一个成熟的苹果从树上掉下来，砸在了一个人的头上。那个人并没有将这个苹果随意丢弃，而是从中琢磨出了改变世界的著名定律。这个人就是牛顿，这条定律就是万有引力定律。

牛顿之所以能从一个掉落的苹果研究出万有引力定律，是因为他采用了从现象推导本质，再通过实验证明，并最终得出结论的思考方式，即逻辑思维。所谓逻辑，就是事情的因果规律。了解了逻辑，掌握了逻辑思维的方式，便掌握了一种学习研究的方法。由此可见，逻辑是通往科学殿堂的指路明灯。

那么怎样才能培养逻辑思维能力呢？多学多练，手脑结合是提高逻辑思维能力的好方法。多学，就是多看有关逻辑的书，学习逻辑思维方式；多练，就是将所学的理论用于实践中，通过练习巩固逻辑思维能力；手脑结合，就是边思考边动手，将学到的知识动手实践一下，从而使知识掌握得更加牢固，并逐渐掌握解决问题的方式。因此，阅读一本训练逻辑思维能力的书，是培养该能力的有效途径。

市场上关于训练逻辑思维能力的书多如牛毛，因此在选择上就要求人们有针对性，选择有品质、有内涵，能够真正学到东西，看过之后可以使人受益的书，才是真正能帮你提高的书。本书根据国内外流行的逻辑思维训练题，结合我国中小学生的学习规律和学习特点编写而成，旨在帮助中小学生提高他们的逻辑思维能力，巩固学生的科学文化知识，提升学生的科学素养。

还在等什么？赶快拿起本书，提升你的逻辑思维能力吧！

目 录

第一章　逻辑思维游戏

第二章 趣味填字游戏

第三章　奇妙科学实验

第四章　数学智力游戏

第五章　文字思维游戏

第一章
逻辑思维游戏

1. 寻找隐藏的数

31425这组数字在下面的图形中只出现过两次，出现的顺序可能是由前向后的，也可能是由后向前的；出现的方向可能是横向的、可能是纵向的，也可能是对角线方向的。你能找出它们所在的位置吗？

3	2	3	1	3	1	2	4	5	4	2	3	1	2	4	5	4
4	1	4	3	1	4	2	1	2	3	4	5	2	3	2	1	2
5	2	5	5	4	2	1	5	3	1	4	2	1	4	1	5	3
													3	5	4	1
												4	2	1	2	
											2	4	4	3		
										1	1	3	5			
									5	3	1	4	1	4		
									2	4	2	3	5	2	1	
												2	1	5	5	3
3	1												5	4	3	1
4	2	5	3										1	4	2	4
1	4	2	5	3								4	2	1	3	1
	2	1	4	3	1						3	1	4	2	3	
		3	5	4	2	1	3	1	4	3	5	4	1	3		
			2	1	5	3	4	2	5	1	4	2	5			
				5	3	1	4	3	1	4	2	5				

猜一猜

精品店。（打一成语）

答案：奇货可居。

2. 缺少一块的轮子

下面图中有3个轮子，请仔细寻找其中的规律，然后说出最后一个轮子中缺少的一块图形应该是什么样的？

想一想

“先天”是指父母的遗传，那“后天”是什么？

答案：明天的明天。

3. 巧切割

一块中间有方孔的圆形板材上，对称地做了些标记符号。现在需要将它切割成大小、形状相同的4块，并使每块都恰好带有一个小圆圈和一个三角形。请问，怎样切割才符合要求？

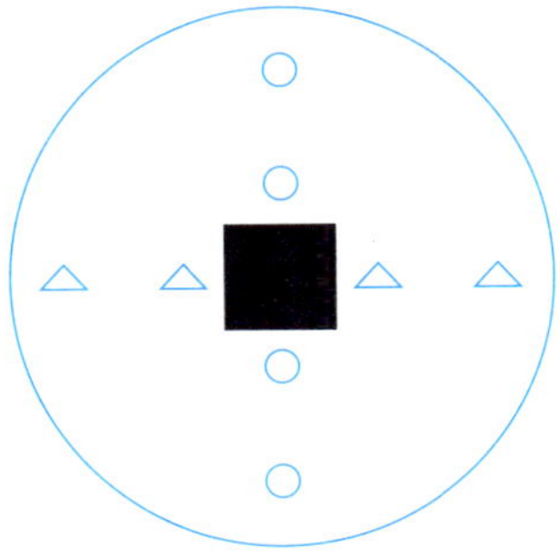

4. 按要求分格子

把下面的格子分成形状相同的4个部分，使每一部分中数的总和都为120。

8	7	6	8	7	12	9	1
7	12	7	6	4	3	2	14
8	9	7	8	5	7	11	1
8	8	10	7	6	16	10	1
4	9	13	4	12	2	15	6
8	5	2	2	4	9	8	15
6	9	8	14	14	8	2	1
9	6	10	5	12	1	15	7

猜一猜

眼角长皱纹。（打一成语）

答案：迫在眉睫。

5. 字母代数

仔细观察下图，数字排列是有规律的。有5处方格中缺少数字，请你把它们填出来。

4	5	1	2	3	4	1
3	A	3	4	5	B	2
2	1	2	3	1	1	3
1	5	1	C	2	2	4
5	4	5	4	3	3	5
4	D	2	1	5	E	1
3	2	1	5	4	3	2

想一想

什么人比变形金刚更厉害?

答案：变形金刚的设计者。

6. 十全十美

请你沿着图中的格子线，把圆圈中的数字两个一组连起来。要求每组中的两个数字之和都等于10，且所有的连线不能交叉或重叠。

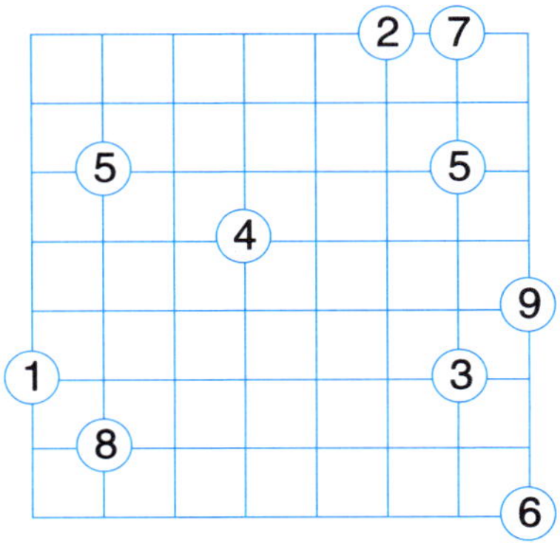

7. 就是不相邻

请把1、2、3、4、5、6、7、8分别填入下图中的空格内，使1与2、2与3、3与4、4与5、5与6、6与7、7与8均不在图中相邻。

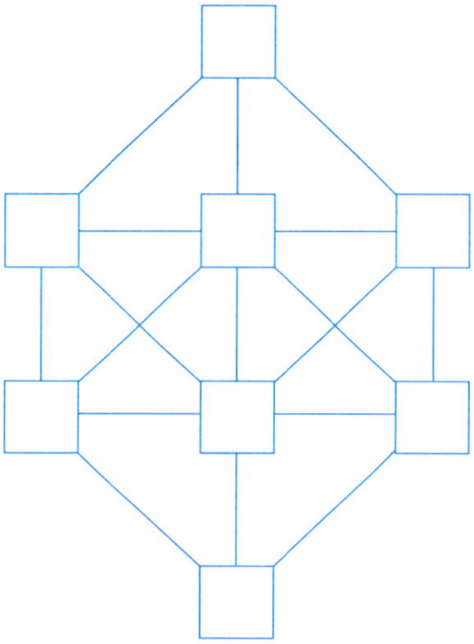

猜一猜

密封文件。
（打一成语）

答案：不可开交。

8. 锯木板

有两个木匠准备将一块长木板从正中间锯成两半。两个人分别用锯子从木板两端的正中间位置开始锯，照理说是应该不偏不倚地刚好锯到正中间的，结果锯缝却没有对上。木板并没有弯曲，木匠也没有锯歪。为什么会是这种结果呢？

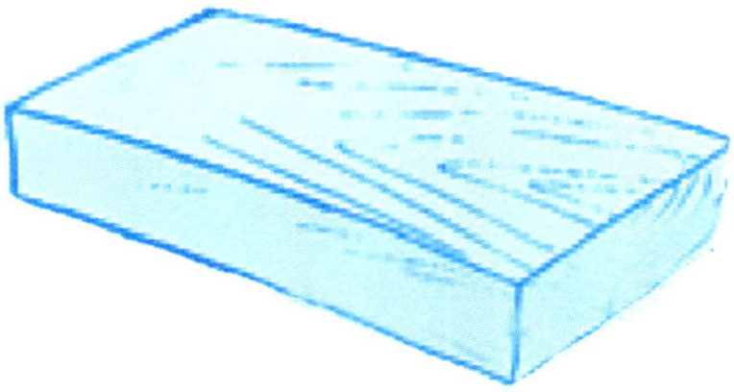

想一想

不爱清洁的小女孩叫什么？

答案：灰姑娘。

9. 变形问题

体育运动会的领奖台平面图如下图所示。你能否只剪一刀，然后把它拼成一个正方形？

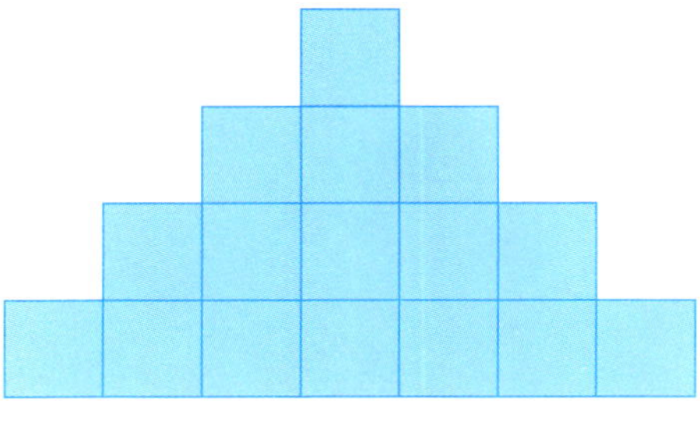

10. 大理石装箱

建筑工人打算把大理石装进箱子里带回工地。箱子内侧的长、宽、高均为30厘米，如右图所示。大理石的大小如左图所示。这个箱子最多能装几块大理石？

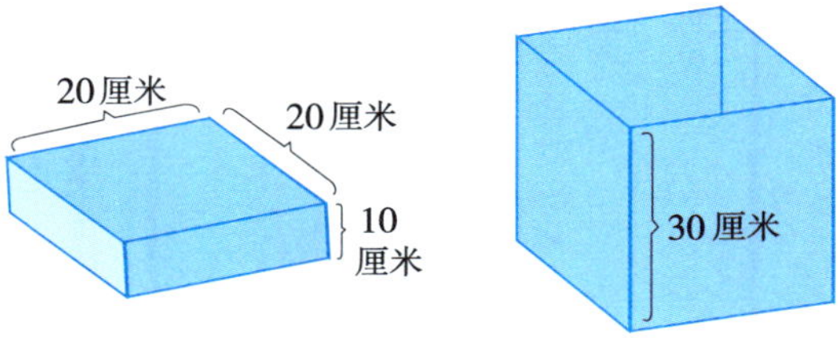

猜一猜

说了五句话。（打一成语）

答案：三言两语。

11. 最后一点

如下图所示，有17个点，将任意两个点用一条比点粗的直线连接起来，最后可让每一个点至少都能和另一个点连接起来。可是据说有人尽管把所有的点都连接起来了，但最后却还是剩下了一个点。这种情况有可能出现吗？

想一想

大多数人是用左手端碗，右手吃饭，对吧？

答案：不对，是用嘴吃饭。

12. 调整数字

如图，数字1、2、3、4、5、6填入小圆圈内，每条直线上的3个数之和都得12，每个圆环上的3个数之和都得9。想想看，如何调整这些数字，使每条直线上的3个数之和都得9，每个圆环上的3个数之和都得12。你能很快完成吗？

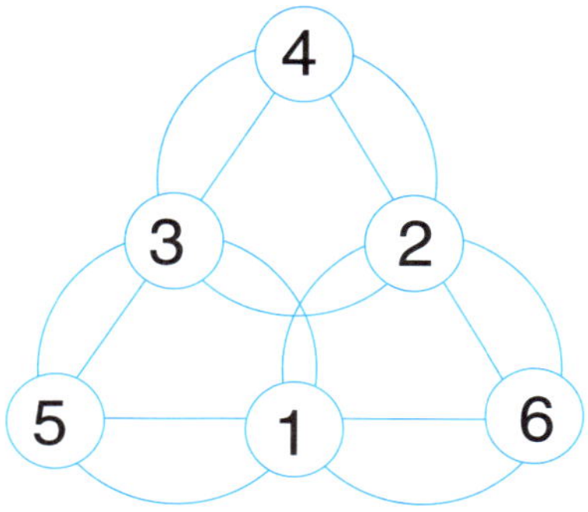

13. 巧算20

斜向算一下圆环内的数之和：6+4+10=20；8+3+9=20。请在各个圆环相重叠的区域内填入4个适当的数，使每个圆环内的数之和都得20。试试看，你能行吗？

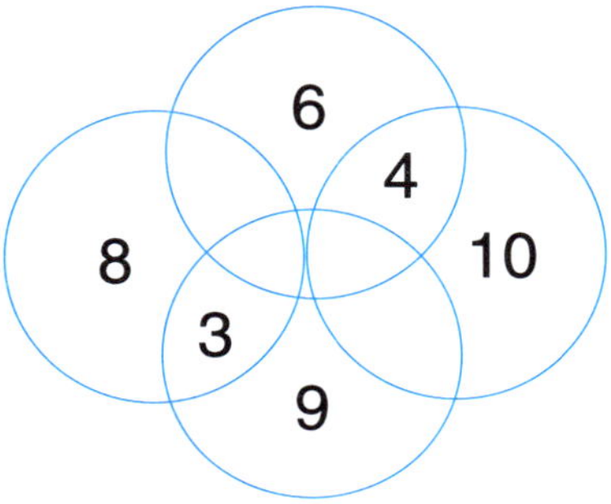

猜一猜

八十八。（打一成语）

答案：入木三分。

14. 填数求和

圆内填数是一种非常有趣的智力游戏，它与数独有着异曲同工之妙。请把1～16（5已填）分别填入图中的封闭区域，使每一个圆内的数之和都得55。试试看，你能填出来吗?

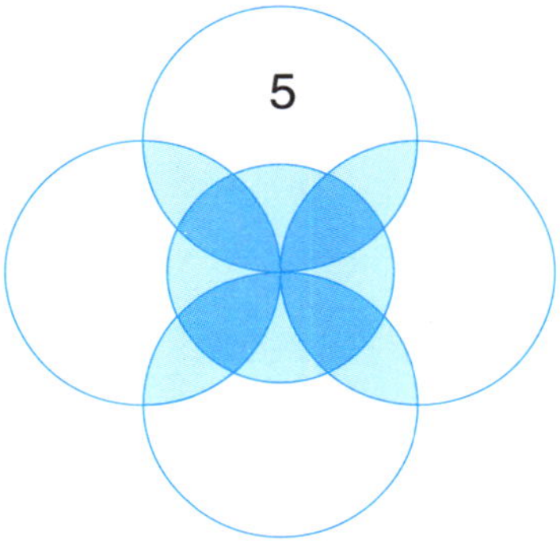

想一想

什么时候能使眉毛长在眼睛下面?

答案：倒立的时候。

15. 巧填数字

请把数字1、2、3、4、5、6、7、8分别填入每组的圆圈内，使每条直线上3个数之和与方格内的数一致。试试看，你能全部填出来吗?

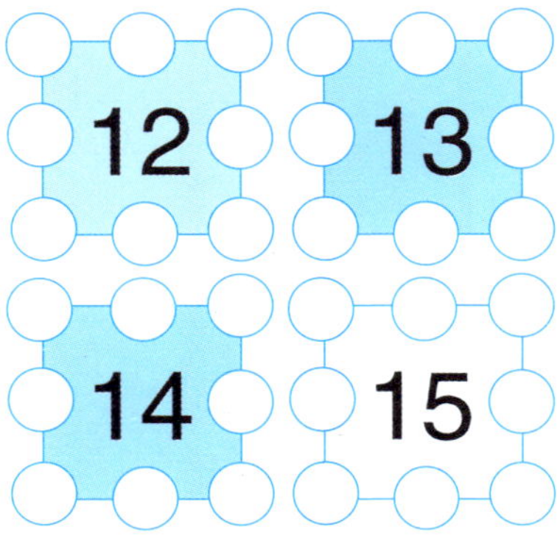

16. 北斗填数

下图是以“北斗”两个字为框架的填数游戏，请你把数0～37填入方格内（其中数字8和数字0已经填好），使横行或竖列上的各数之和都等于80。

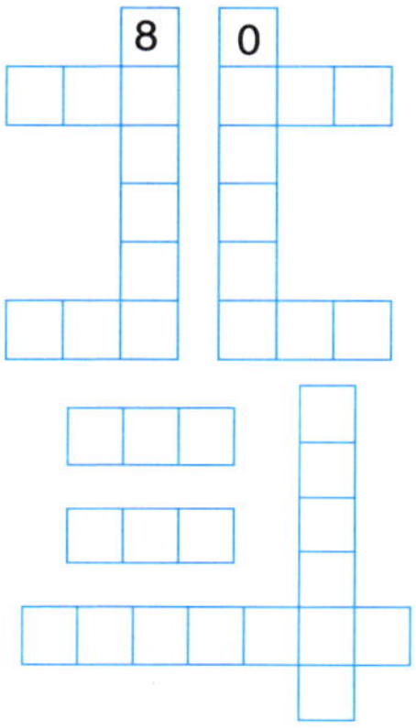

猜一猜

刚从一间新盖的草房子走出来。（打一成语）

答案：初出茅庐。

17. 平衡的杠杆

已知下图这个杠杆正处于平衡状态。现在，如果在深色方块上再加上3个方块，那么，应该在另一端的哪个地方加上2个方块，才能使这个杠杆继续保持平衡？

想一想

动物园里，小明紧挨着老虎合影留念，却丝毫不害怕，为什么？

答案：那是只假老虎。

18. 等分角

用一把无刻度的尺子将下面的角ABC三等分，怎么分？

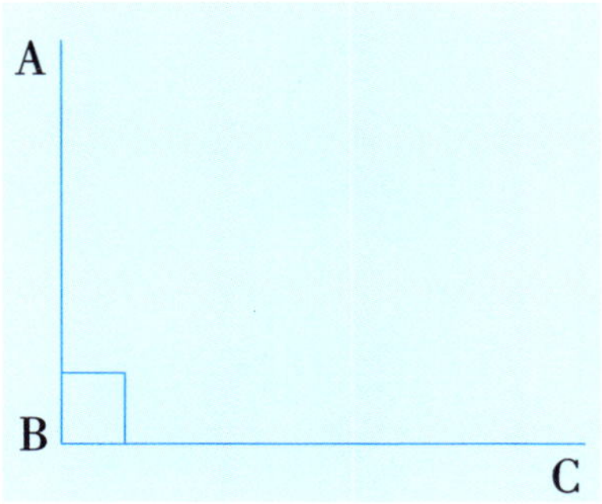

19. 谁是神枪手

3个粗暴的大汉走进路边的一家酒吧，他们看见桌面上放着4个啤酒瓶（如图所示），就大声嚷嚷。A说：“我用手枪打3枪可以把它们全部打碎！”B说：“我打2枪就能解决问题！”C说：“我只需1枪！”那么，C怎么才能击碎全部啤酒瓶呢？A和B打算怎样打呢？

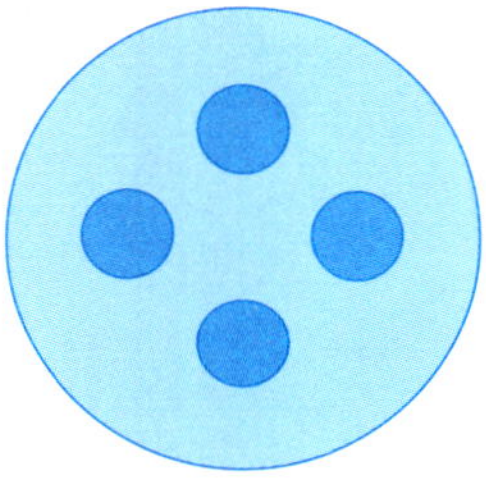

猜一猜

跳伞。（打一成语）

答案：从天而降。

20. 巧挪栅栏

某人的牧场里有一间用16根栅栏围成的牛棚（如下图）。要求只挪动其中的5根栅栏，把牛棚原有的面积减少一半。注意，16根栅栏全部都要利用上。你认为该怎么挪?

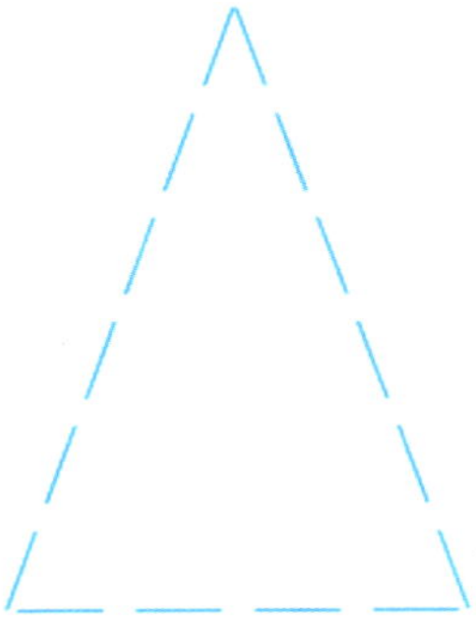

21. L形格子

请将图中的格子分割成同样大小的L形，每个L形必须含有2个圆圈，并且不能有剩余的格子存在。

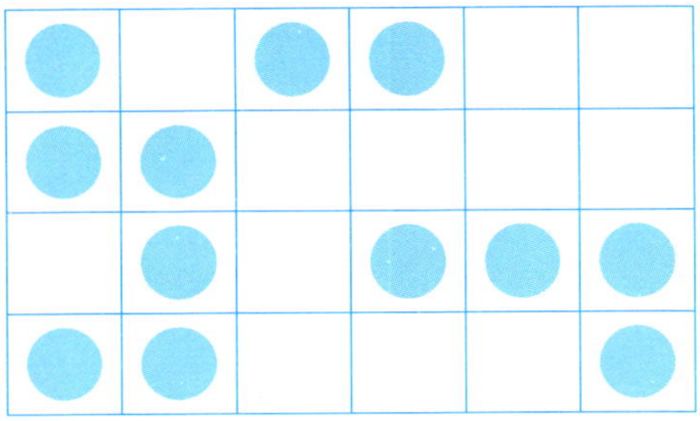

22. 人脸与花瓶

请从下面6张图片中挑选出4张，拼成著名视觉图像“人脸与花瓶”。

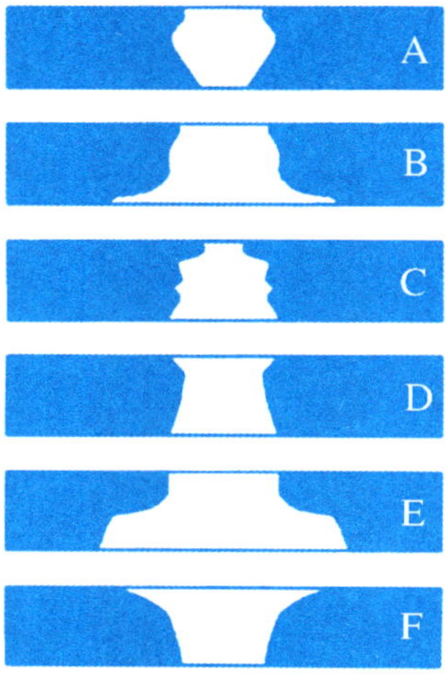

猜一猜

世界地图。（打一成语）

答案：咫尺天涯。

23. 摔破了的钟

一只挂钟从墙上掉到了地板上，挂钟的表面被摔成了3块。每一块上面的数字相加，得到的和是相等的。每一块钟表面上的数字各是多少?

想一想

世界上最舒服的地方是哪里?

答案：妈妈的肚子里。

24. 数字气泡

在空格中填入哪两个数可以使图示的数列得以延续?

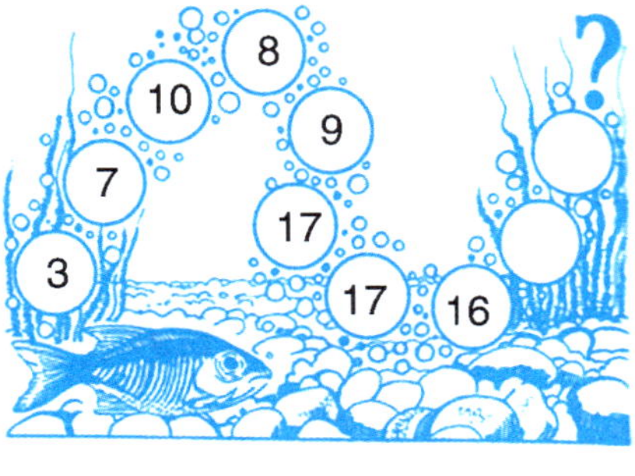

25. 隔开果园

请用4根直的栅栏把果园隔开，共分成11块地，让每块地上都有1棵苹果树。你能找出符合条件摆放栅栏的办法吗？

猜一猜

七位仙女，一位嫁人。（打一成语）

答案：六神无主。

26. 四等分图形

将以下图形分为大小和形状均相同的4个部分。

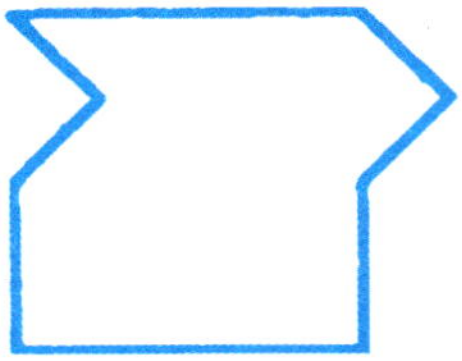

27. 煤气、自来水和电

G、W、E分别代表煤气公司、自来水公司和电力公司。现有3个家庭A、B、C，分别由3个公司输送煤气、自来水和电，在它们各自的连线上，要求不能有一处交叉，请问如何做到？

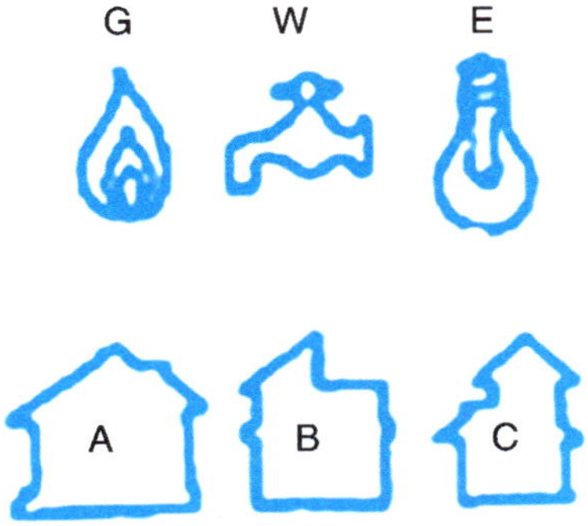

想一想

有种杯子不能装水，可是人人都想拥有它，这是什么杯子呢？

答案：奖杯。

28. 合理分土地

如图，在正方形的土地上，有4户人家（用□表示）和4间小屋（用▲表示），要将这块土地分成形状相同、面积相同的4块，怎样才能使每块都有1户人家和1间小屋呢？

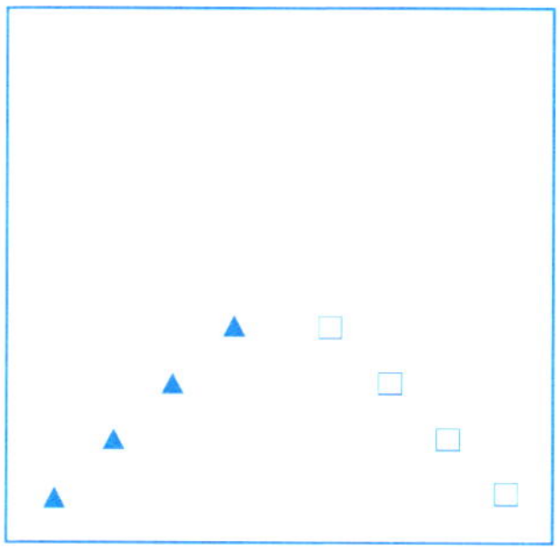

猜一猜

单口相声。（打一成语）

答案：独当一面。

29. 隐藏的图形

看下面这幅视幻觉图的中央，你是不是发现了一个本不存在的图形呢？用4条直线将4颗星连接起来，但4条直线都不能与圆环的实线部分相交。

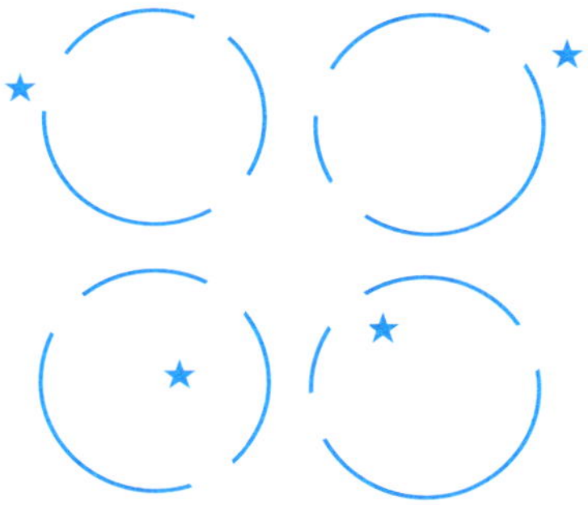

想一想

什么东西人用完了很快会回来？

答案：力气。

30. 一笔绘画

小张端详下图后说：“此图乍看之下，虽显得支离破碎，但我却能将它连为一体。”他是如何做到的？

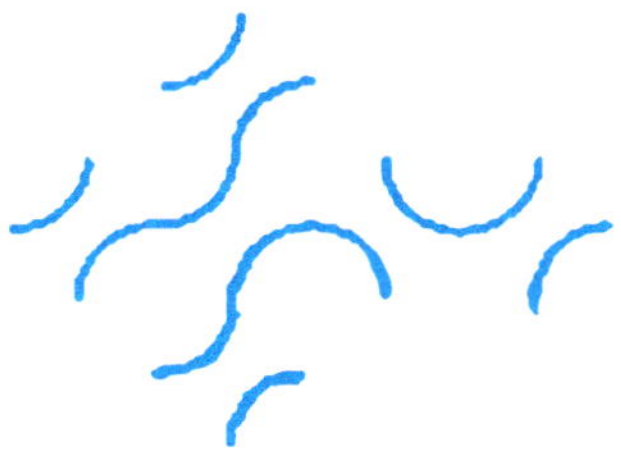

31. 这些手在做什么

仔细看一看图中手的姿势，发挥想象力猜一猜，它们在做着什么？

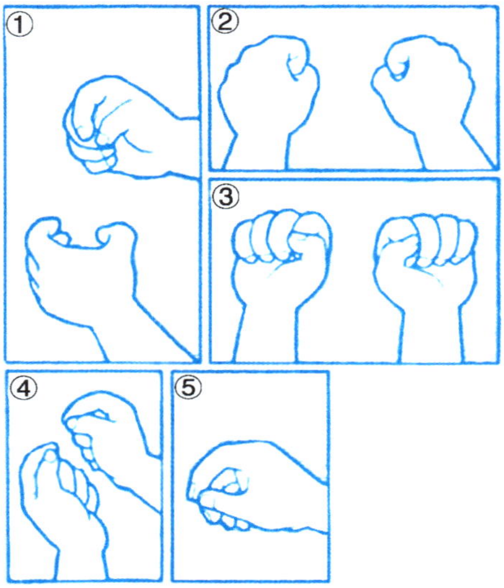

猜一猜

小龙女选夫婿。（打一成语）

答案：闻过则喜。

32. 分月牙

怎样用两条直线把一个月牙分成6个部分?

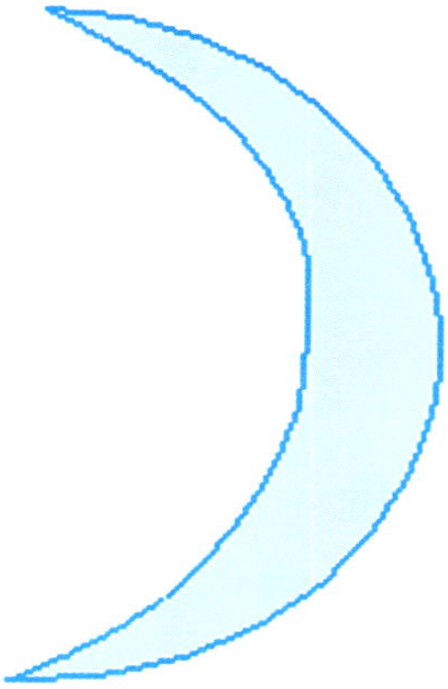

想一想

网在什么时候可以提水?

答案：当水变成冰时。

33. 巧摆三角形

给你5根火柴，摆成一个含有三角形的正方形，你会吗?

34. 该怎么摆放

将8颗棋子放在下图格子的边线上，使其同时满足以下两个条件：

A.每条水平线和垂直线上都有3颗棋子；

B.使9个方格中每一个的边框上都有3颗棋子。

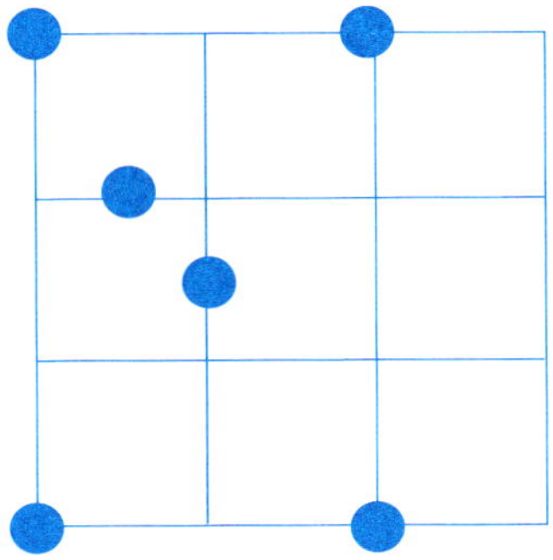

猜一猜

丢了西瓜捡芝麻。（打一成语）

答案：因小失大。

35. 扩建鱼池

如图，一个菱形鱼池的4个角上分别有4棵桑树，如何不砍伐桑树，使鱼池的面积扩大一倍？

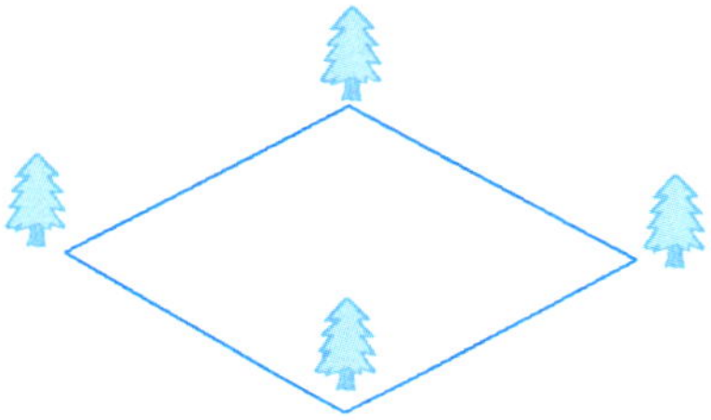

36. 相同的咖啡杯

下图是从上面垂直往下看咖啡杯的样子。那么，请你仔细地观察并想象一下，与下图一样的咖啡杯是下面4个咖啡杯中的哪一个呢？

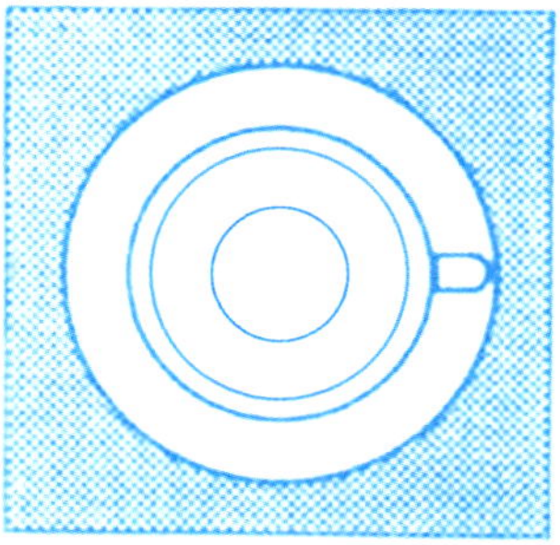

想一想

最坚固的锁怕什么？

答案：钥匙。

37. 巧切正四面体

将一个正四面体从某个面切割，切口成为正方形。怎么切？

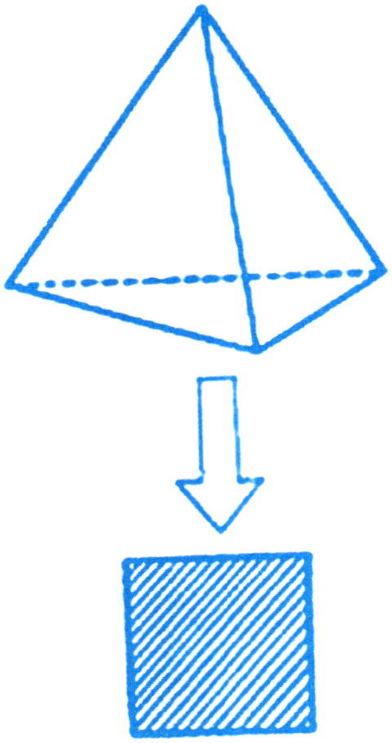

猜一猜

寸步不离。（打一成语）

答案：如影随形。

38. 火柴棍等式

试由此算式中去除一根火柴棍使其成为等式。

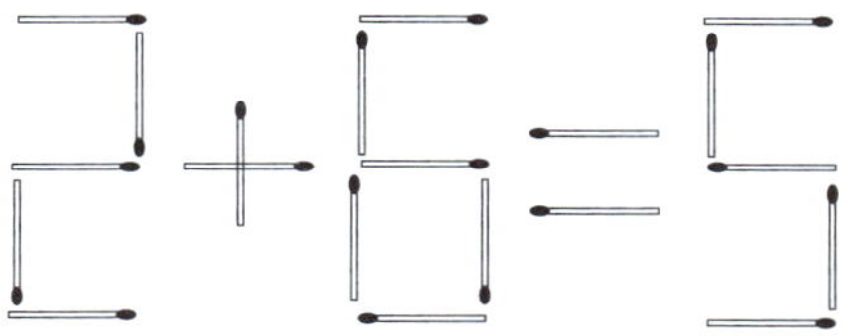

想一想

布和纸怕什么?

答案：不（布）怕一万，只（纸）怕万一。

39. 倒转“金字塔”

下图是由10枚象棋棋子组成的“金字塔”，如何只移动其中的3枚，把这个“金字塔”倒转过来?

40. 火柴棍拼图形

首先如图所示，用5根火柴棍拼成一个等腰梯形。然后移动5根中的2根，再加入1根，拼成与原来的梯形相同的面积。即，现在用6根火柴棍拼出与下面的等腰梯形面积相同的图形。

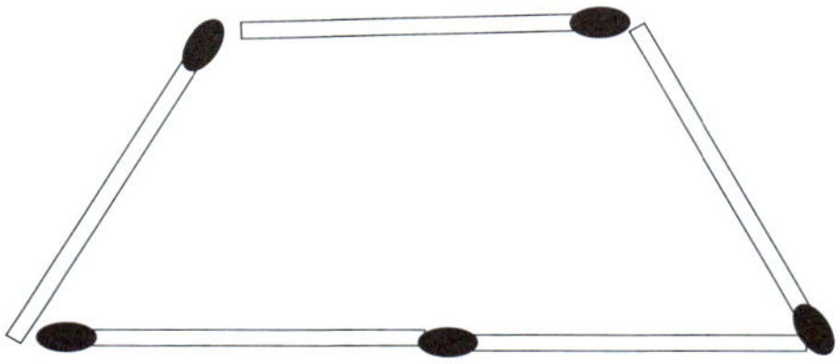

猜一猜

彩电。（打一成语）

答案：有声有色。

41. 纸上画圆

这里有一张边长10厘米的正方形纸，若在纸上画直径5厘米的圆，共可画几个？假设圆与圆之间不可重叠。

想一想

狼、老虎和狮子玩游戏，谁一定会被淘汰？

答案：狼。因为桃太郎（淘汰狼）。

42. 填充方格

每个空白方格中都包含1～9中的一个数字，且互不重复。每个算式是按照从上到下或从左到右的顺序计算的，而不是按照先乘除后加减的运算规则计算的。你能把空白的方格填完整吗？

	+		−		=5
+		×		−	
	×		−		=3
÷		−		×	
	×		÷		=2
=3		=8		=9	

43. 寻找合适的图形

观察这3个图形，下列5个选项中哪一个与它们是同一系列的？

猜一猜

鲁智深当和尚。（打一成语）

答案：半路出家。

44. 6个变3个

12根火柴排列成了6个三角形，你能只移动4根，使其变成3个三角形吗?

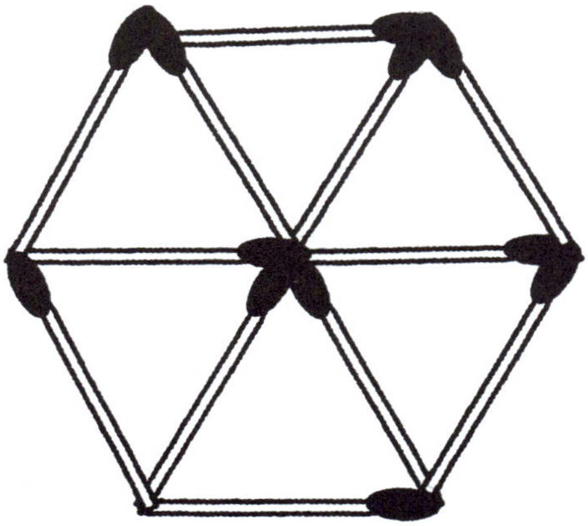

想一想

历史上哪个人跑得最快?

答案：曹操。

45. 小船变梯形

请移动4根火柴，把小船变成3个梯形。

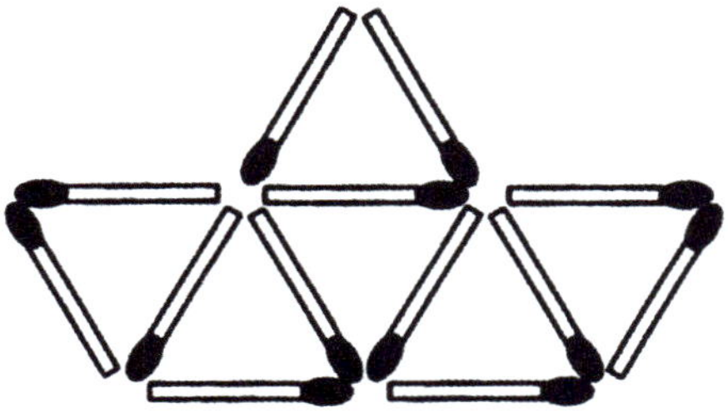

46. 一条美丽的项链

一位商人在销售一种如图所示的用10个环套起来的项链。现在，想把整个项链解开，变成零散的环。问至少要拆开几处，才能全部解开？

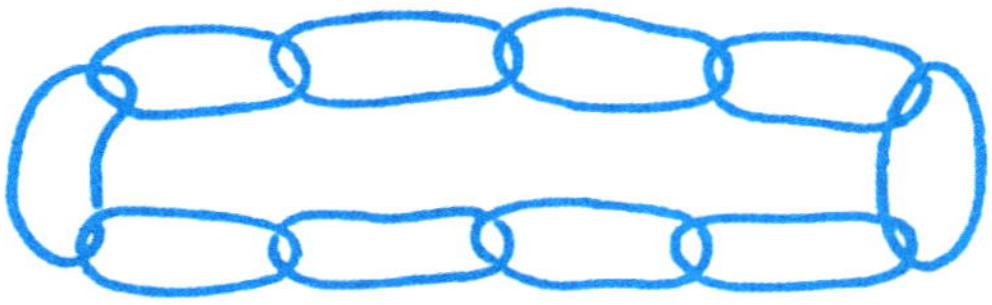

猜一猜

佘太君百岁挂帅。（打一成语）

答案：老将出马。

47. 移动棋子

如图，排列有白色和涂色棋子，现欲分成白色棋子一排和涂色棋子一排，且每排棋子数目必须相同。问最少应移动几颗棋子才能成功？

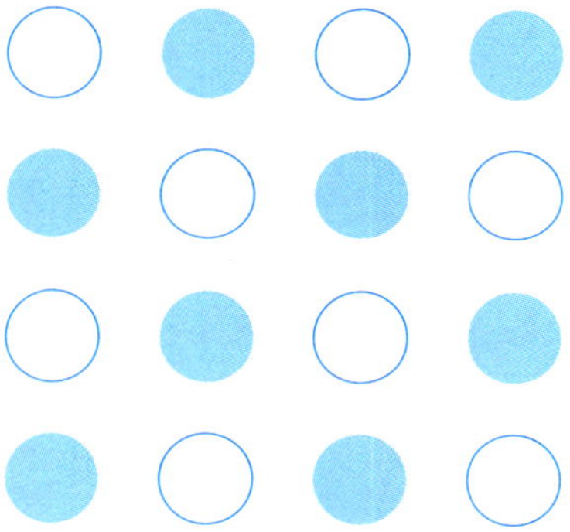

想一想

黑皮肤有什么好处？

答案：不怕晒黑。

48. 捉拿归案

神探要从图中迷宫左上方A点处出发，去捉拿躲藏在右下角B点的罪犯。在出发时神探只能从1～7的7把钥匙中选择3把带在身上，以便打开一路上各个通道门上对应的数字锁。你知道神探应选择哪3把钥匙带在身上吗？他走的路线又是怎样的呢？

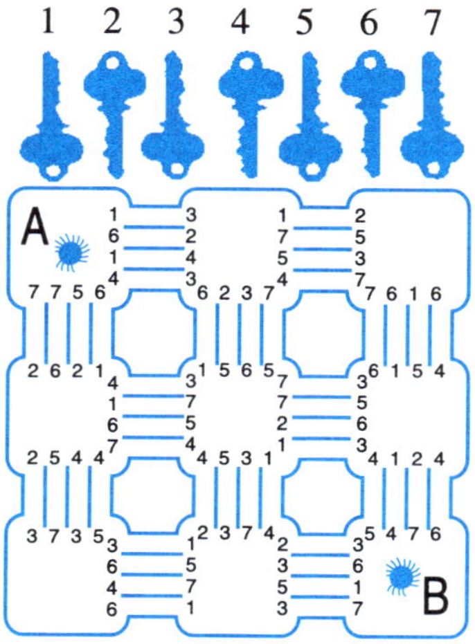

第一章答案

1. 如图：

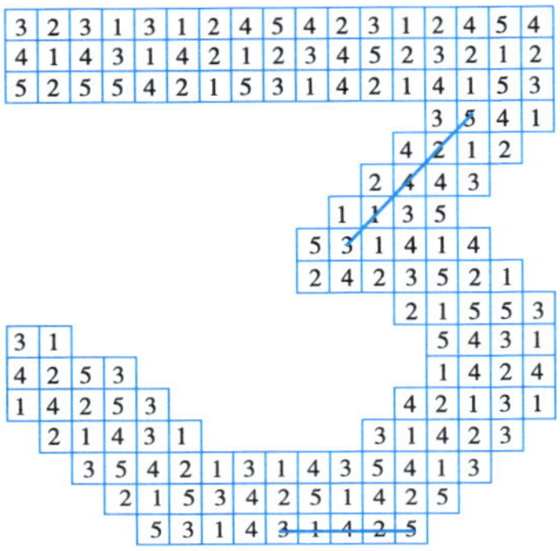

2. 3 个轮子相对应的一瓣中都各有1个涂色分瓣和2个白色分瓣，且涂色分瓣位置不同。

3. 下图是其中一种解决方案。

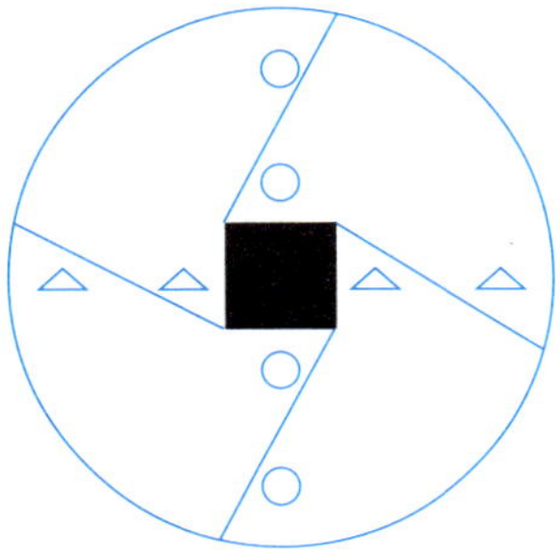

4. 如图：

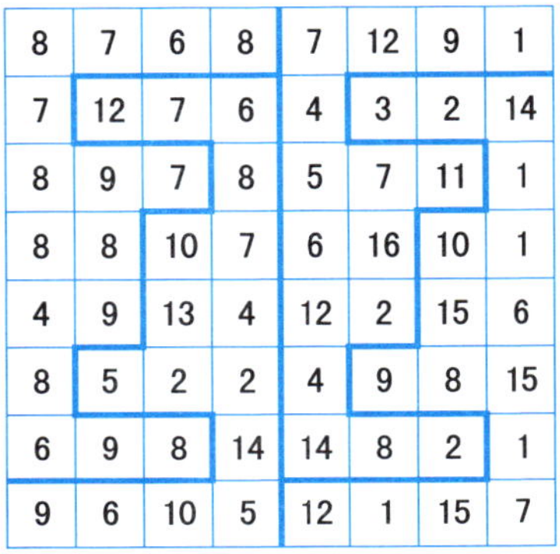

5. A=2、B=5、C=4、D=3、E=4。规律是：数字按箭头方向以1、2、3、4、5 的顺序排列。

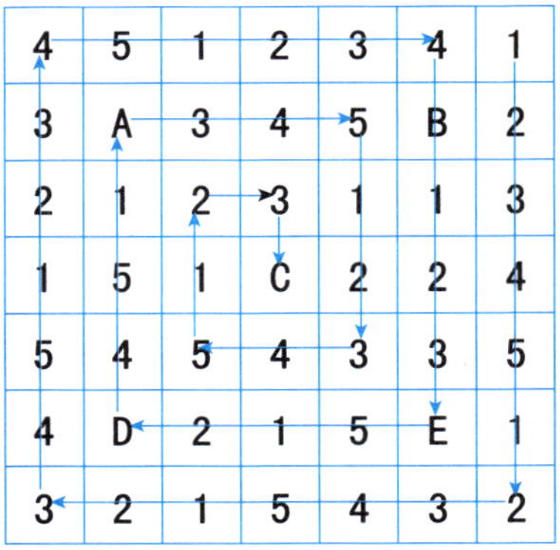

6. 如图：

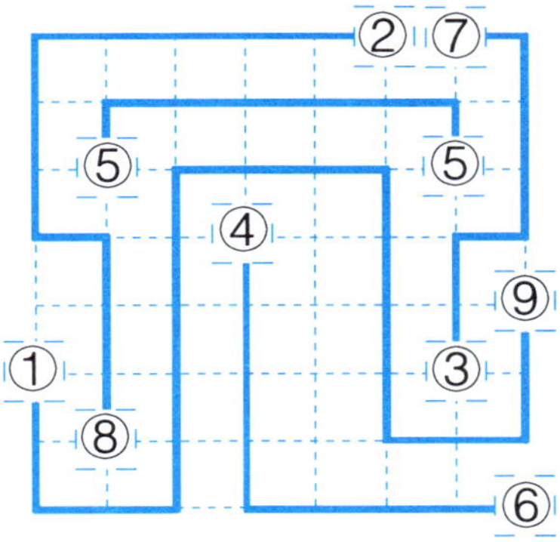

7. 首先要考虑到中间的两个数与周围“联系最广泛”，故这两个数字要“相去甚远”才好，符合条件的非数字 1 和 8 莫属了。这两个数填好了，其余的也就不难填了。

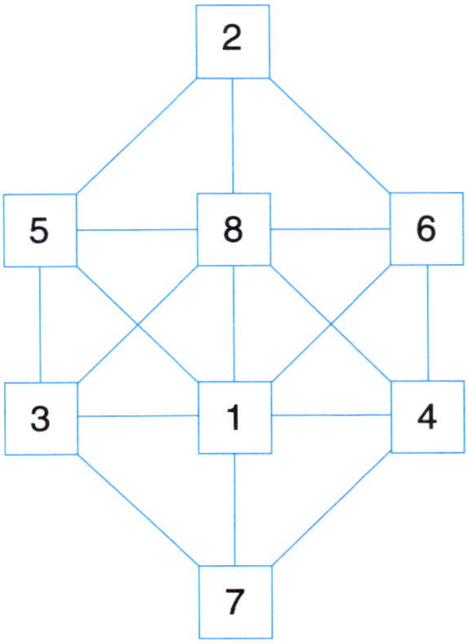

8. 两个木匠是这样锯的，如图：

9. 如图：

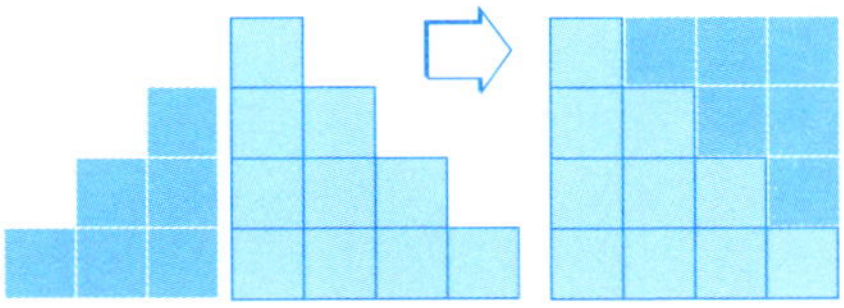

10. 6 块。先按左下图装3 块，然后按右下图再装3 块。

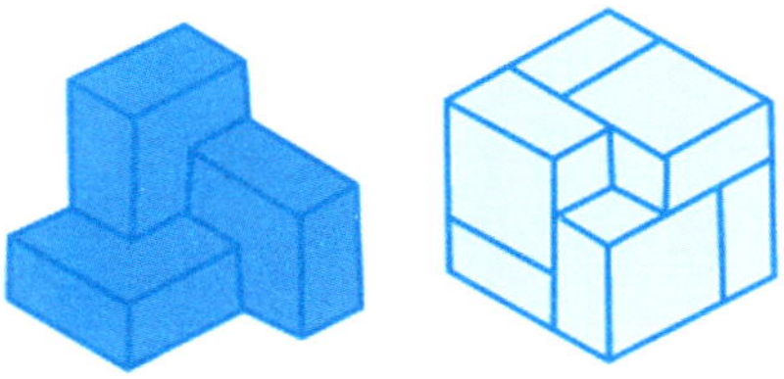

11. 有可能。如下图那样画直线，就剩下“点”这个汉字了。解答这个问题需要一瞬间闪现出来的灵感。如果觉察到17 个点的位置的重要性，就能找到解决问题的线索了。

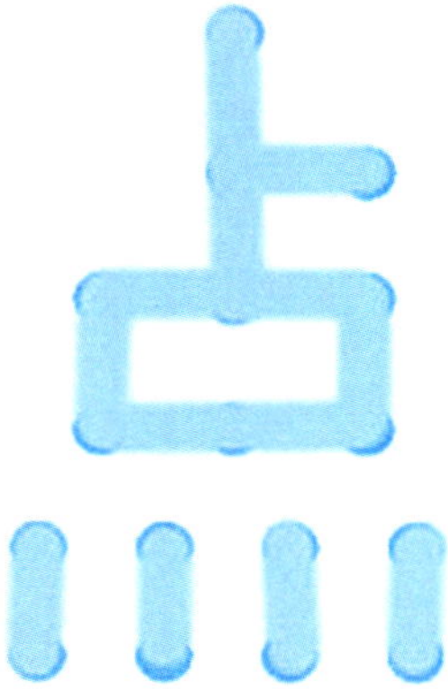

12. 如图：

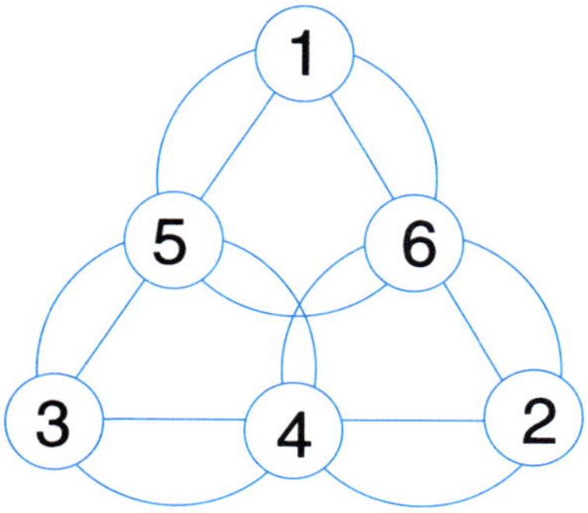

13. 如图：

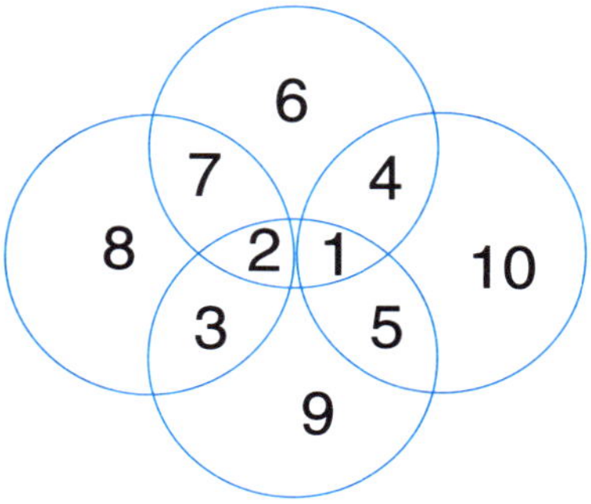

14. 如图：

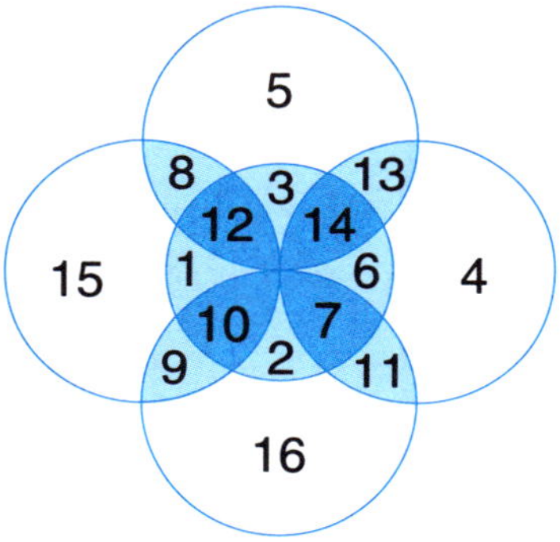

15. 如图：

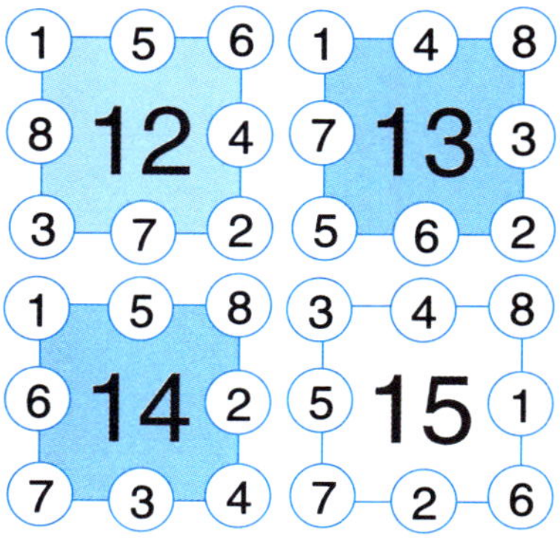

16. 如图：

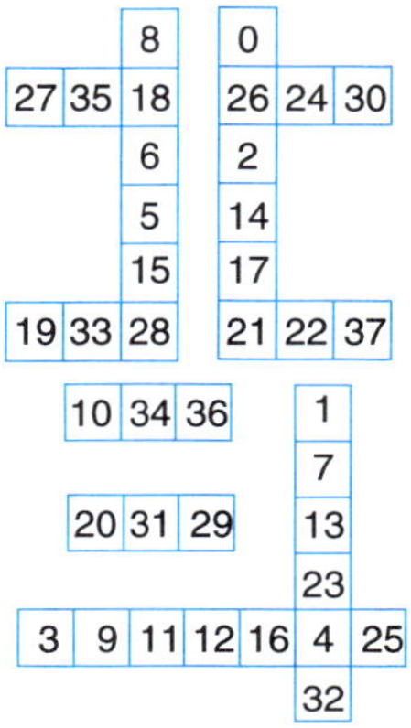

17. 在每一边用每一方块的数量乘以其离中心点的距离单位值，然后相加起来，就是该边的重量。当深色方块上再增加3 个方块时，左边就会增加4×3=12 个重量单位，所以，要使天平达到平衡，右边也必须增加12 个重量单位，即在右边第6 处的方块上增加2 个方块。

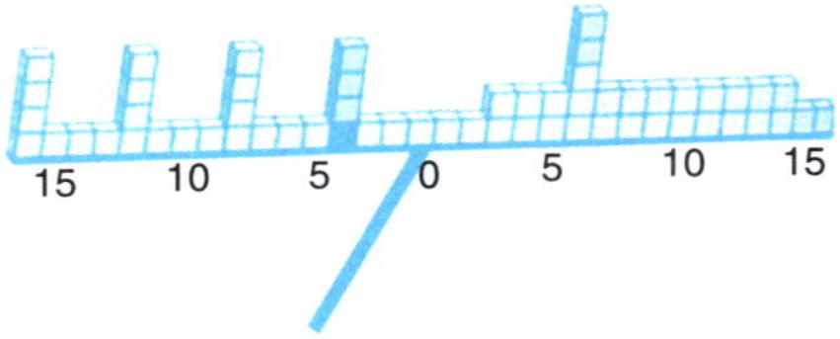

18. 把外角三等分即可。解此题时应想到角分为内角和外角。

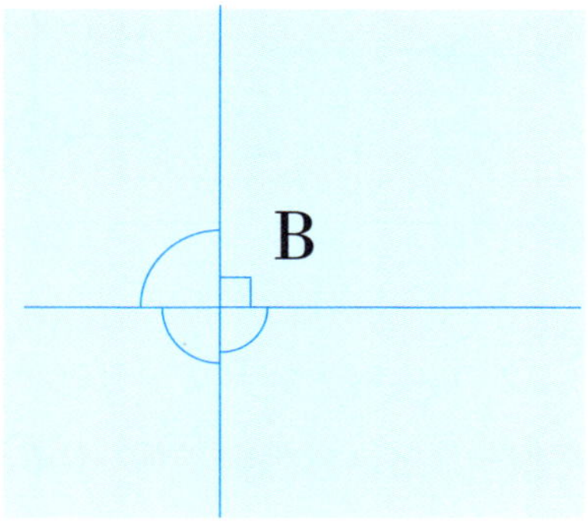

19. A 和B 打算按下图的方法打，C 打算打桌子腿。

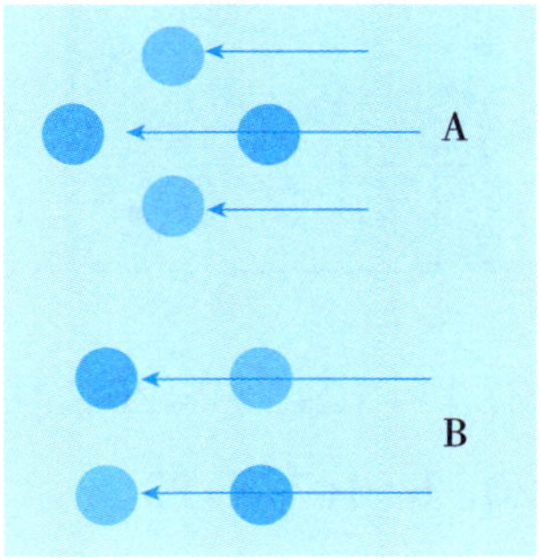

20. 如图所示，把地面分成两块，每块地面的面积为原来总面积的1/4。

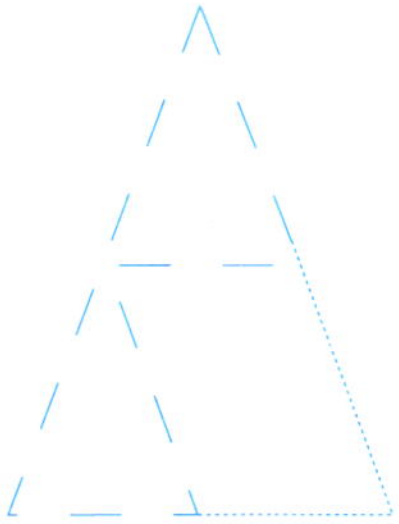

21. 如图：

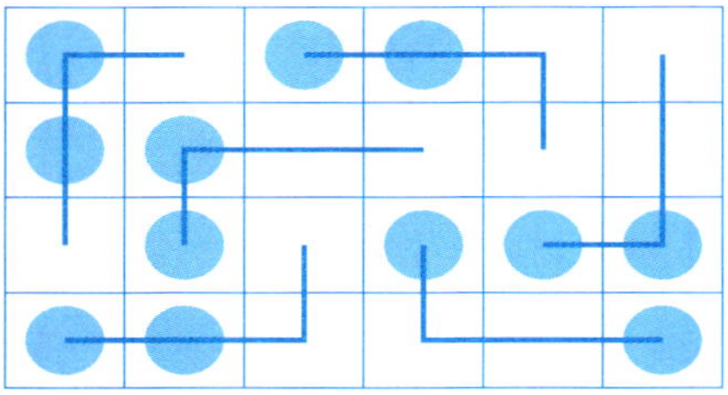

22. 其实图边的英文字母已经提示得很明显了。你想到了吗？只要你巧妙运用“直接逻辑视点”和“间接逻辑视点”，就不难找到答案。

23. 11+12+1+2=26，10+3+9+4=26，5+6+7+8=26。

24. 15 和13。每一个新的数是前面两个圆中的数之和，如果遇到的是两位数，要将个位和十位分别相加哦！

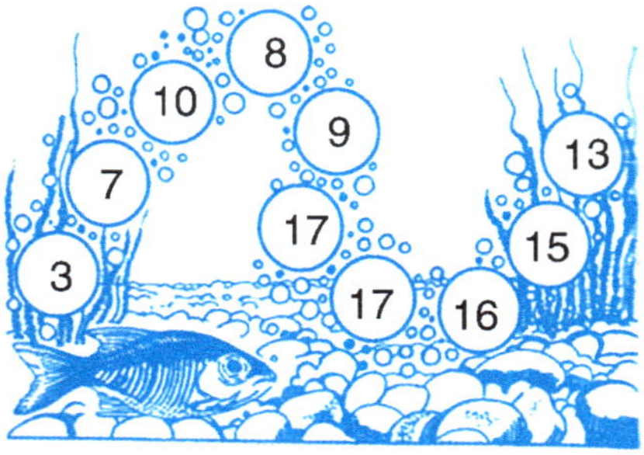

25. 如图：

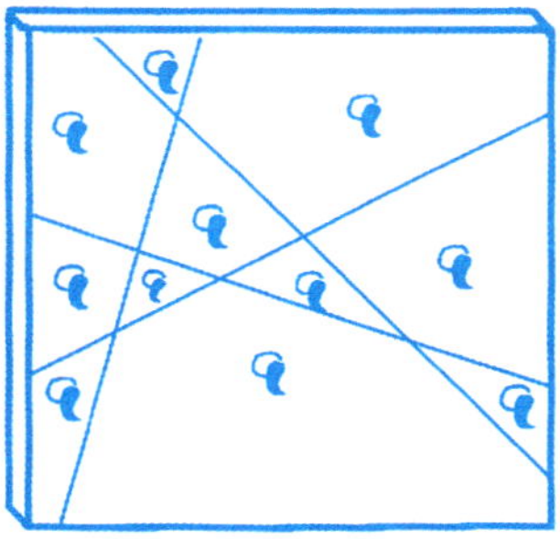

26. 如图：

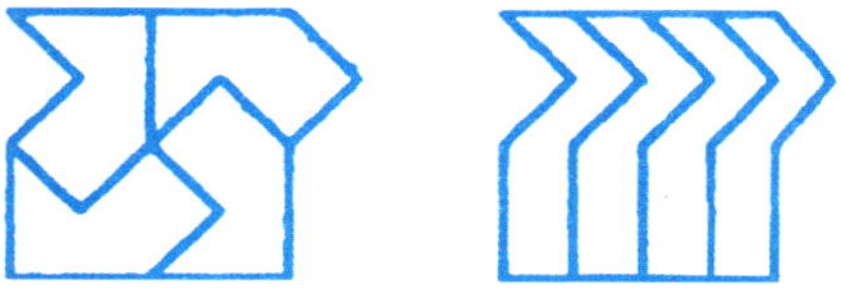

27. 可有多种方法，列出一种，如下图所画。这就是著名的位相几何学的问题，如果不把A、B、C 看作点的话，而当作面来考虑，本问题就会很简单。回到现实是我们考虑问题时首要的一点。

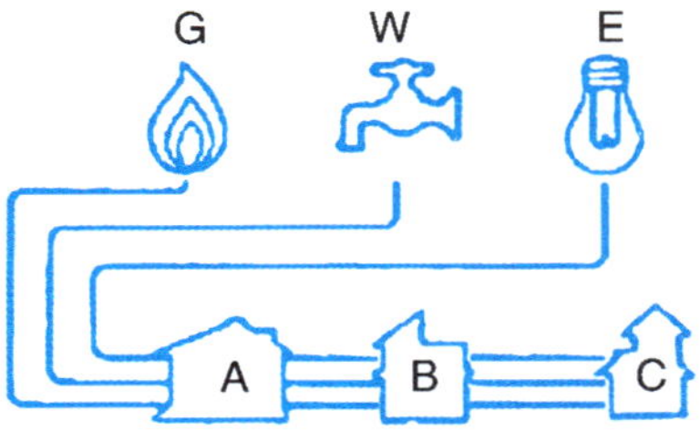

28. 如图：

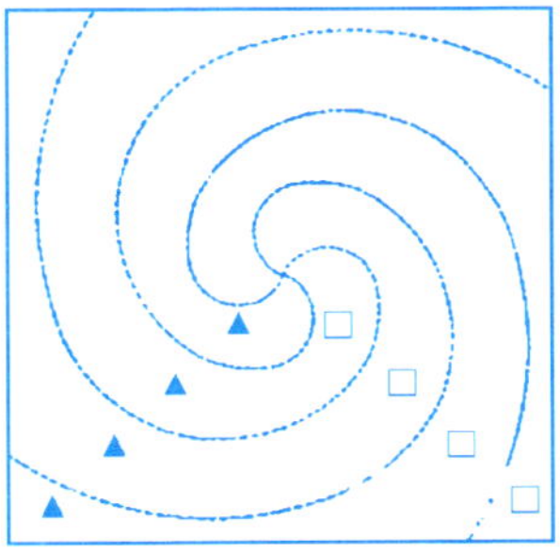

29. 如图：

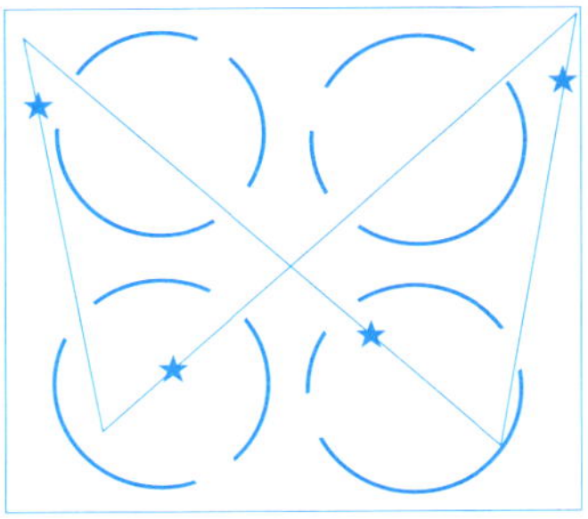

30. 先使它成为展开图，再将它折起，以做成立方体，即可一气呵成。

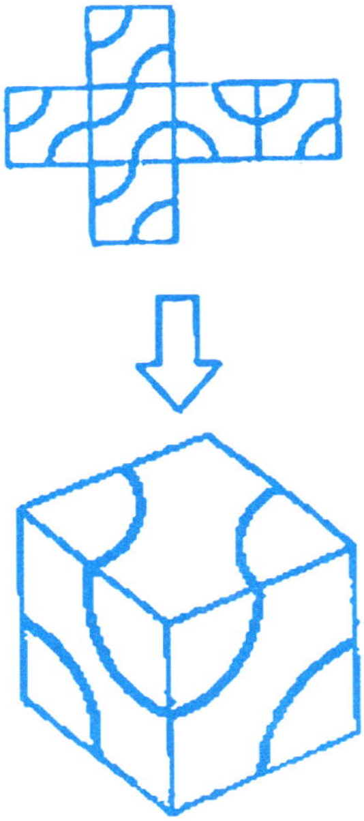

31. 如图：

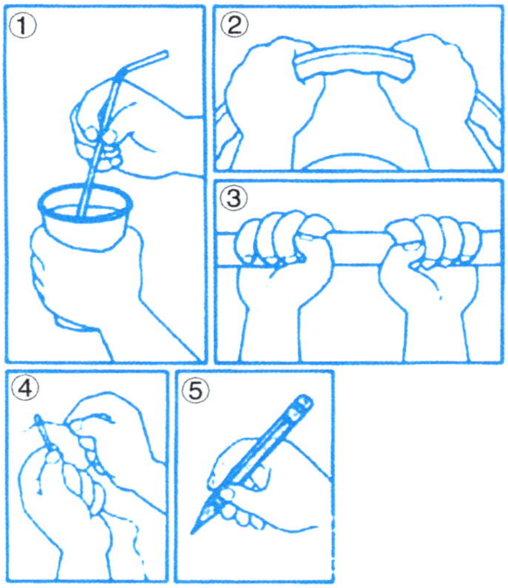

32. 将下图的AB、CD 连接起来就可以将月牙分成6 个部分了。

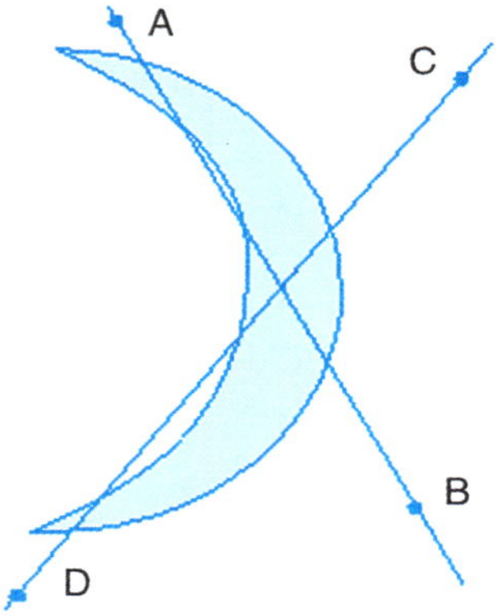

33. 如图：

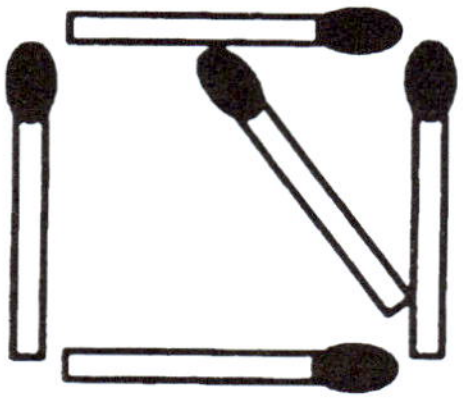

34. 如图：

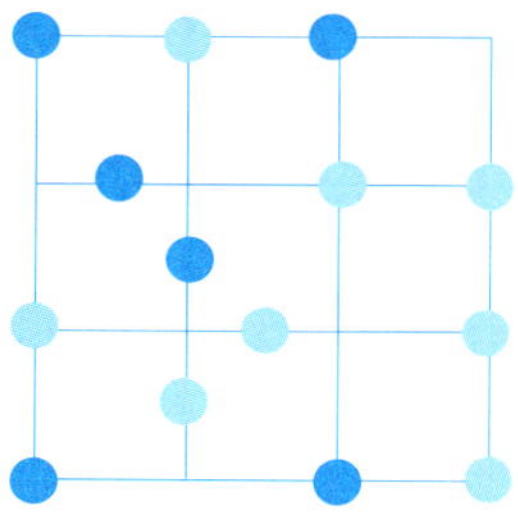

35. 下图是其中一种解决方案。

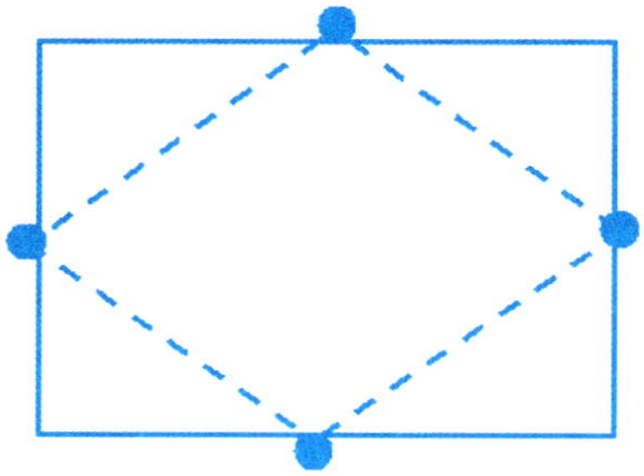

36. B。A、C、D 的俯视图如下图所示：

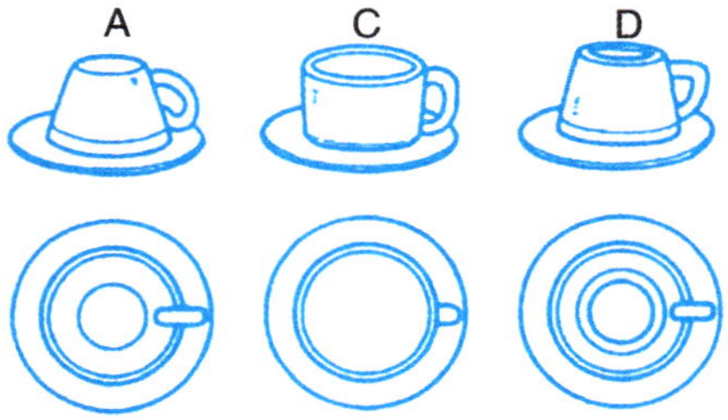

37. A、B、C、D 为正四面体边上的中点，按下图所示的方式切割，切口将成为正方形。

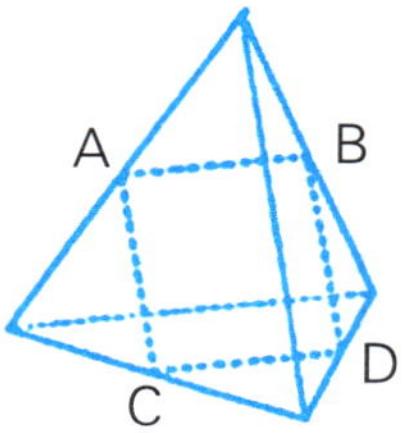

38. 如图将6 中去除一根火柴棍，再颠倒过来看即可成立。

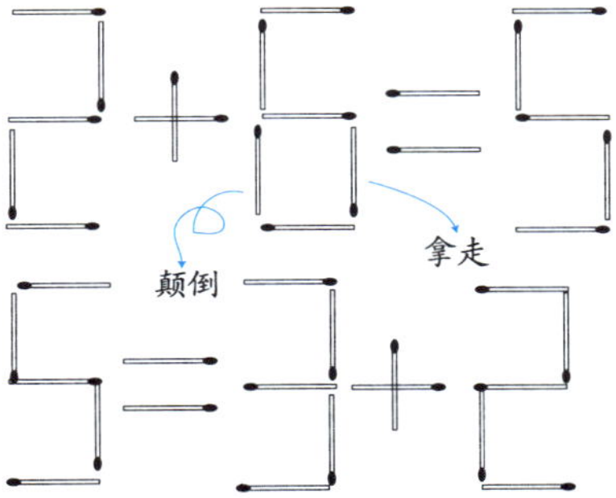

39. 如图：

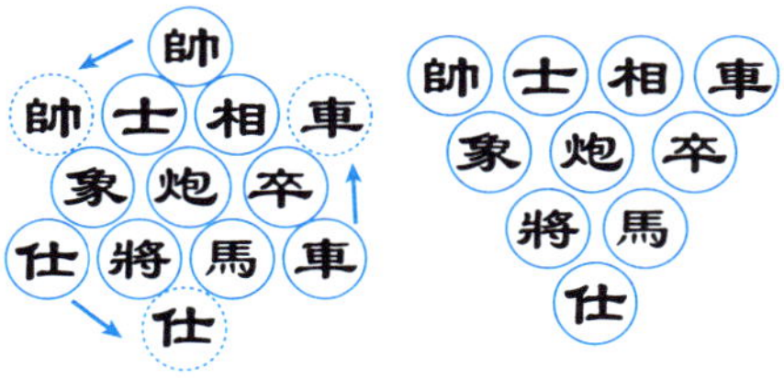

40. 如果只是把思考局限在梯形，怎么想也没有结果。此时要突破范围，做完全不同的假想。如图所示，a 和b 为中心对称图形，二者面积相等，因此满足题目要求。

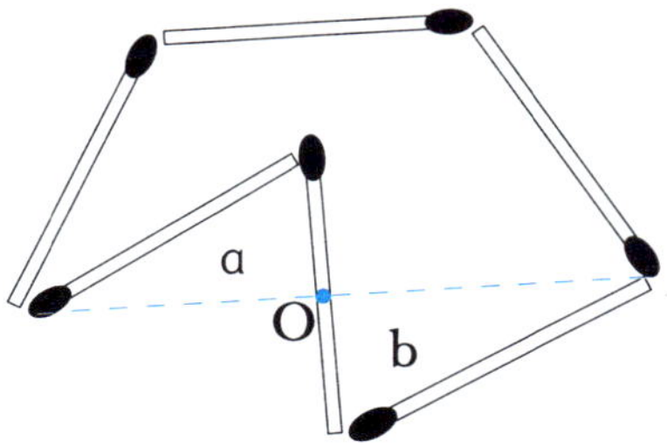

41. 8 个，因纸有正反两面。

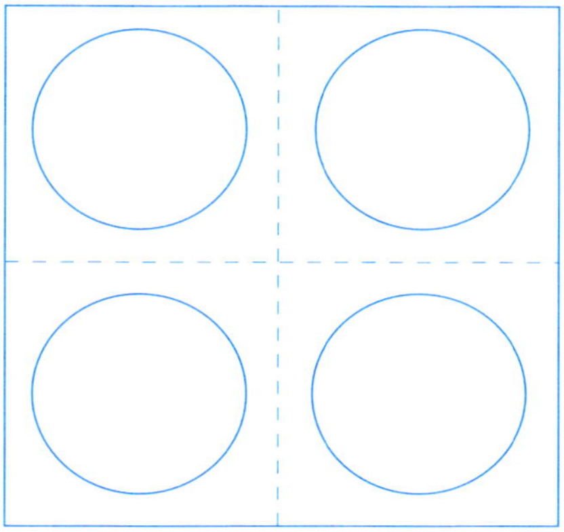

42. 如图：

8	+	2	−	5	=5
+		×		−	
1	×	7	−	4	=3
÷		−		×	
3	×	6	÷	9	=2
‖		‖		‖	
3		8		9	

43. B。4 种不同的图案，按照字母顺序排列，分别有 abc、abd、bcd 和 acd（选项B）4 种组合。图中的序列分别由这4 种不同的图案按照一定的顺序组成，单单缺少了 acd 这种组合。

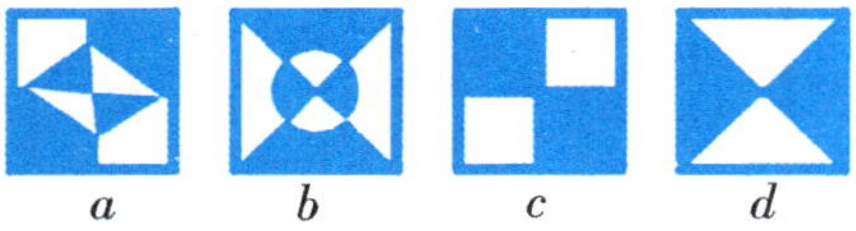

44. 如图：

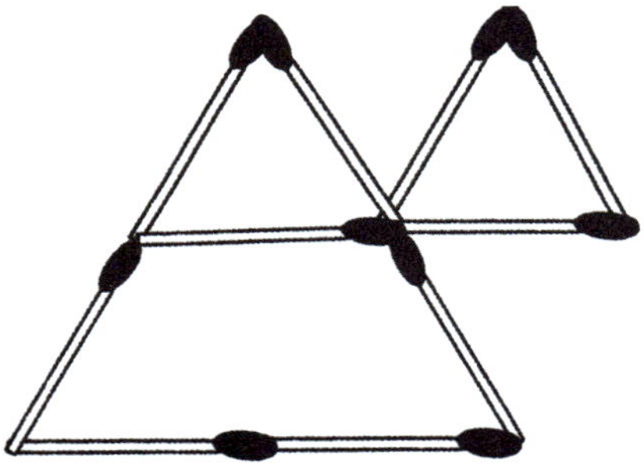

45. 如图：

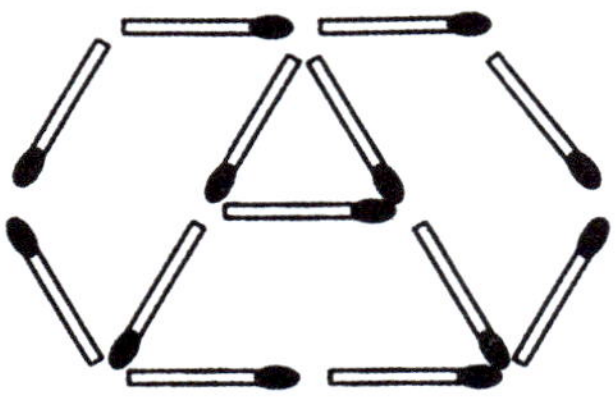

46. 拆开5 处。

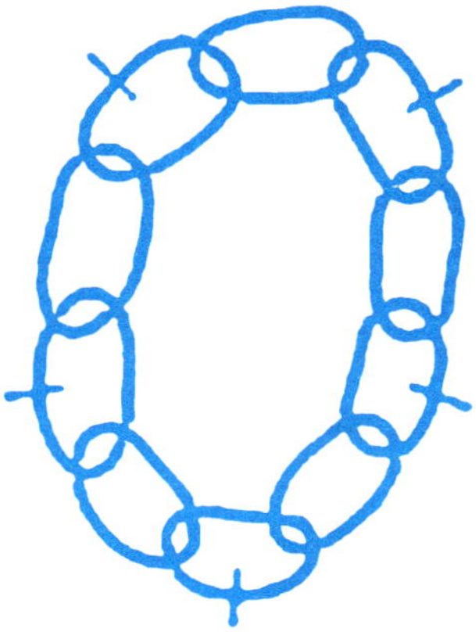

47. 4 颗。如下图。只要以“斜看”方式便能很快地排列成功。此题就是训练要从各种不同的角度去思考问题。

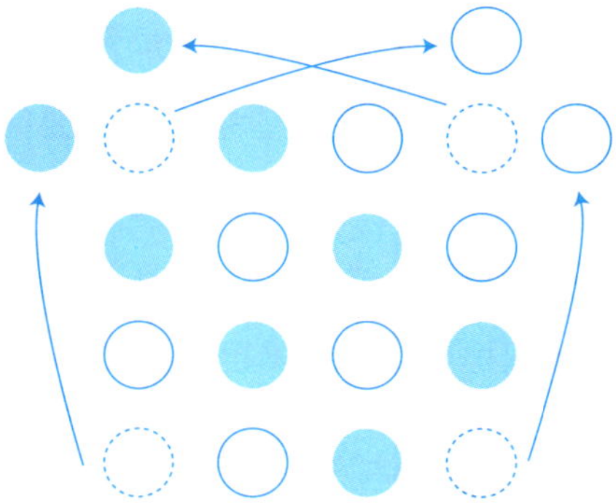

48. 神探在出发时应带 1 、3 、5 号钥匙。所走路径如下图所示：

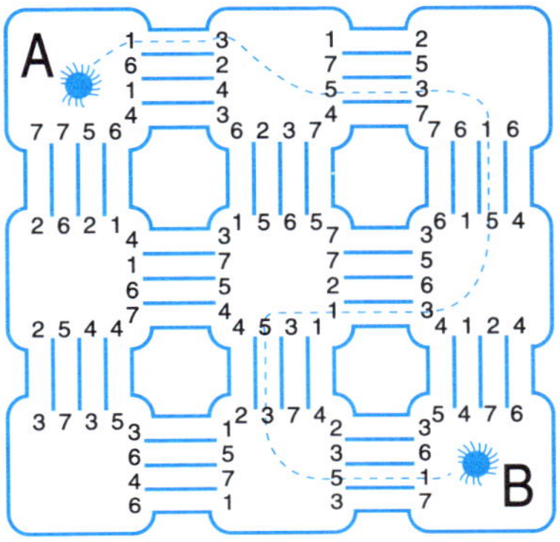

第二章
趣味填字游戏

1. 横十纵14

横向

一、侦探类文学作品中福尔摩斯的得力助手。

二、古诗“黄河入海流”的上一句。

三、用来记载每日生活经历和心得的文具用品。

四、香港的别名和美誉。

五、中国著名儿童文学家张天翼的中篇童话。

六、我国神话传说中开天辟地的神话人物。

七、影视作品、游戏及网站中用于调节气氛的音乐。

八、湖南省北部的一个大湖。

九、我国一部少儿题材的大型室内情景喜剧。

十、位于欧洲与非洲之间的海，也是世界最大的陆间海。

纵向

1.有“诗仙”之称的唐代诗人。

2.歇后语“费力不讨好”的上一句。

3. 一部为中国共产党80周年诞辰创作的电视剧。

4. 汽车、轮船等操纵行驶方向的轮状装置。

5. 从事音乐活动，并取得极大名誉的成功人士。

6. 香港著名男演员，和成龙一起主演过《宝贝计划》。

7. 具有一定价值的首饰、工艺品的统称。

8. 一种云南少数民族的乐器，又称“葫芦箫”。

9. 容貌美丽的女子。

10. 每年满周岁的那一天。

11. 叶圣陶所写的一篇入选小学语文课本的游记文章。

12. 我国东部一个由多岛屿组成的国家。

13. 词语，告发别人的秘密。

14. 常用词语，指全国各地。

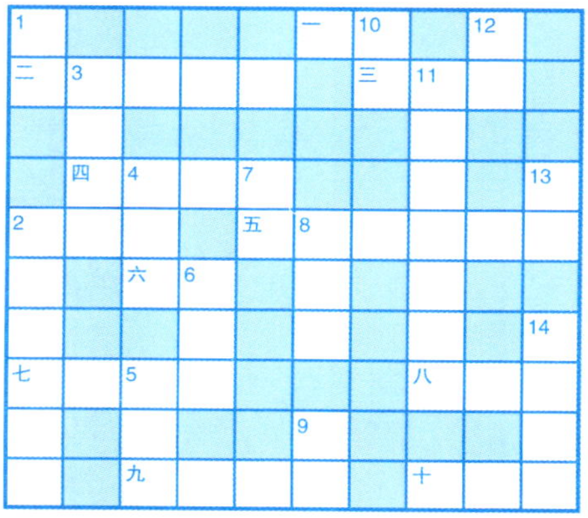

2. 横十纵11

横向

一、一款种植各种植物、杀死僵尸的策略类游戏。

二、位于我国的世界最高峰。

三、一个由主权国家组成的国际性组织，总部所在地是美国纽约。

四、一款以团队合作为主的射击类网络游戏，简称“CS”。

五、人们对腹泻的俗称。

六、利用地道打击日本侵略者的作战方式。

七、《水浒传》中，杨志卖刀时杀死的无赖。

八、因剧中人物剪影用驴皮做成而得名的民间艺术。

九、一款美国出品的著名的赛车类游戏。

十、由加鲁鲁兽进化后的数码宝贝。

纵向

1. 荒废的或未开垦的土地。

2. 一个人在道德行为中所表现出来的比较稳定的特点和倾向。

3.《蜡笔小新》的剧场版，剧中出现了一个恐怖的“大人帝国”。

4. 负责在数码世界进行运输的数码宝贝。

5. 李小龙主演的一部电影，他在其中扮演陈真。

6. 戏曲及小说《杨家将》中的一位女英雄。

7. 当今世界最年轻的钢琴大师，中国人的骄傲。

8. 郑渊洁童话中的小男主角。

9. 举世闻名的意大利豪华轿车品牌。

10. 在电视剧《宫锁心玉》中出演八阿哥的演员。

11. 由十多位年轻女子组成的以流行音乐形式来演奏中国音乐的乐团。

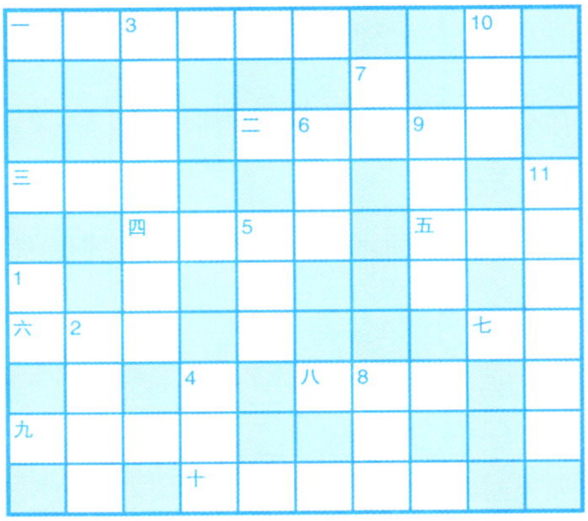

3. 横十纵11

横向

一、包粽子用的一种米。

二、散文《桂林山水》中，“人在画中游”的上一句。

三、闻名世界的法国博物馆。

四、一种可以调节高度和角度的椅子。

五、李白诗“疑是地上霜”的上一句。

六、我国的最高国家行政机关。

七、中国古代对皇帝母亲的尊号。

八、我国古代一部神魔小说，主人公之一是姜子牙。

九、杨红樱的著名作品，描写了一个活泼开朗的小男孩。

十、一种以天然可可粉为主要原料的高营养冲调食品。

纵向

1. 我国神话中掌管“三界”位置最高的神。

2. 专供行人通过的道路。

3. 成语，比喻跟随在别人后面，小心侍候。

4. 注入各种轮胎和一些球类所需空气的工具。

5. 古诗“天涯共此时”的上一句。

6. 我国的童话故事，描写一个拥有魔力画笔的男孩。

7. 曾经带领中国国家男子足球队打进世界杯的外国教练。

8. 我国古典四大名著之一。

9. 以越过横杆上缘的高度计算成绩的体育项目。

10. 中国最大的古代文化艺术博物馆。

11. 成语，比喻天地广阔，征程遥远。

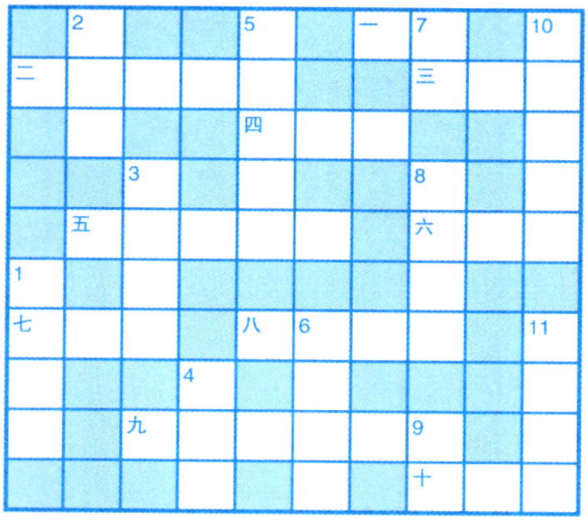

4. 横十一纵10

横向

一、日本著名漫画家，《犬夜叉》的作者。

二、古诗“言师采药去”的上一句。

三、电影《叶问》中叶问的扮演者。

四、毛主席题词“天天向上”的上一句。

五、人们常用的拍摄画面并保存画面的小机器。

六、我国著名的教育家，提倡小朋友多行动才会掌握更多的知识。

七、蒙古族统一各部落最有名的大汗。

八、我国祭祀祖先的节日。

九、嵩山的别称。

十、一首表达青少年将友谊遍布海角天涯的歌曲。

十一、驾驶飞机的人员。

纵向

1.《聊斋志异》的作者。

2. 我国古代一首劝勉人们珍惜时间的诗歌。

3. 古诗“当春乃发生”的上一句。

4. 由团中央和中国作家协会于1963年为儿童联合创办的文学刊物。

5. 俗语，做事的方法习惯了，就成为很自然的事了。

6. 小学毕业后的继续学习阶段。

7. 古诗“人生自古谁无死”的下一句。

8. 南宋时期著名的抗金名将，其母曾在他的背上刺字。

9. 各种枪发射出的圆锥状物体。

10. 美国动画科幻电影，主角是一个叫瓦力的机器人。

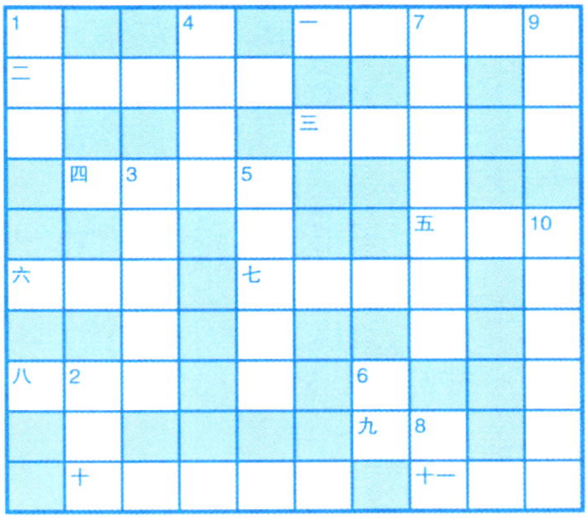

5. 横十二纵11

横向

一、网络游戏《赛尔号》中，由烈火精元孵化得到的宝贝。

二、成语，自己找苦吃。

三、一部寻找“魔仙彩石”的少儿魔幻剧。

四、古诗“春去花还在”的下一句。

五、日本的民族服饰。

六、一项风靡全球的少年手上技巧运动。

七、禁止捕捞鱼虾等。

八、两条道路交叉的地方。

九、澳大利亚著名的哺乳动物，善跳跃。

十、生活用语，也叫“打出租车”。

十一、《哈利·波特》中看守监狱的妖怪。

十二、一首歌颂我国第二代领导人邓小平的歌曲。

纵向

1.《天方夜谭》中著名的“芝麻开门”的故事。

2. 动画角色哆啦A梦的妹妹。

3. 日本任天堂推出的一款角色扮演类对战卡片游戏。

4.《哈利·波特》中最邪恶的反面人物。

5. 词语，安逸、闲适、淡然的样子。

6. 茎呈球形，全身遍布纵棱刺的草本植物。

7. 星期日的另一种叫法。

8. 词语，乞求施舍或救济。

9. 作家巴金所写的关于鸟的一篇文章。

10. 成语，形容对发生的事感到十分意外。

11.《天方夜谭》中渔夫救了一个藏在瓶子中的魔鬼的故事。

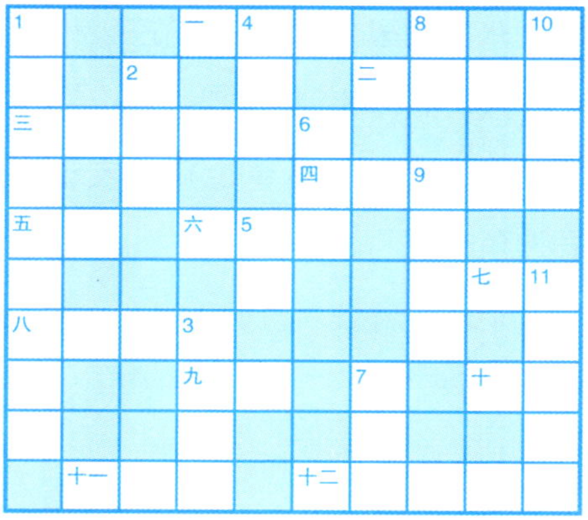

6. 横十纵11

横向

一、古诗“春来发几枝”的上一句。

二、为听众或者观众主持节目的人。

三、家庭及健身房常备的跑步锻炼器材。

四、《倚天屠龙记》中峨嵋派的掌门人，是个老尼姑。

五、一个名叫丁丁的记者带着一条狗四处历险的故事。

六、用于十进制中隔开整数部分和小数部分的数学符号。

七、《西游记》中卷帘大将被贬入凡间后所居住的河流。

八、读完一本书或文章后，根据具体的感受和启示写成的文章。

九、一种大型的肉食性恐龙，也叫暴龙。

十、一个省的政治、经济文化中心所在地的名称。

纵向

1. 韩国NEXON 公司出品的一款休闲类赛车竞速游戏。

2. 一款以街头为背景的经典二人对战类电子游戏。

3. 根据一款恐怖丧尸游戏改编而成的同名电影。

4. 一只名叫“小脚板”的雷龙历险卡通片。

5. 我国对国家领导的称呼之一。

6. 将文字化的书本教材变成能按学习需要任意发声的有声教材。

7. 古诗“千山鸟飞绝”的下一句。

8. 由病毒引起的鸟禽类流行性感冒，罕见情况下会感染人。

9. 一部反映魔法少年日常家庭生活的美国冒险喜剧电影。

10. 中华文明和中华民族最重要的发源地，位于中原的一个省。

11. 由太阳和围绕它运动的天体构成的体系及其所占有的空间区域。

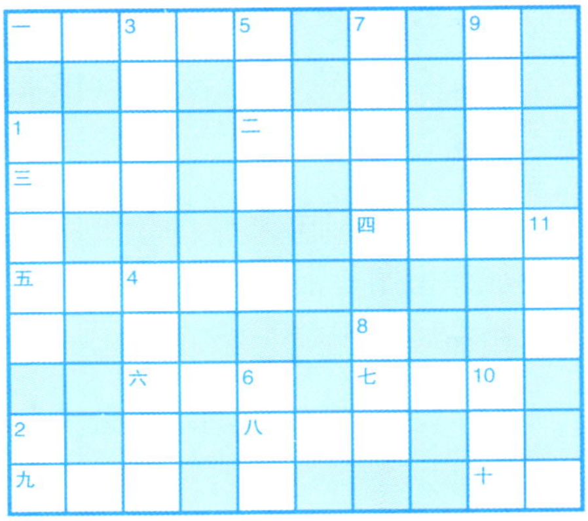

7. 横十一纵11

横向

一、我国以回族为主的自治区。

二、我国古代神话中八位神仙利用法术漂洋过海的故事。

三、一辆名叫“闪电麦坤”的赛车做义工的动画电影。

四、侧扁如带、呈银灰色的鱼，也叫刀鱼、牙带鱼。

五、世界第二大国际化零售连锁集团，在我国有许多家分店。

六、指学生因为缺课需要进行的补习功课的活动过程。

七、唐朝开国名将，以“三板斧”的形象在民间广为流传。

八、明确火车到达、出发或通过时刻以及在停车站的停车时间的表格。

九、以“坛启荤香飘四邻，佛闻弃禅跳墙来”而得名的福州传统名菜。

十、一种供人们放入口中咀嚼、清新口气的糖。

十一、抗日战争时期活跃在山东枣庄微山湖一带的抗日武装。

纵向

1. 对我国唐宋时期八大散文作家的合称。

2. 位于我国四川省的世界上最大的石刻弥勒佛坐像。

3. 在嘴里遇热汽化后产生推力蹦跳的糖。

4. 生长在海底的岩石上，形状像带子，含有大量碘的植物。

5. 保护内部网或者电脑免受非法用户侵入的软件或硬件。

6. 用鲨鱼的鳍加工而成的一种海产珍品。

7. 科幻电影中可以穿越时间和空间的隧道。

8. 以脚踩踏板为动力的绿色环保的交通工具。

9. 帮助学生了解课程安排的一种简单表格。

10. “中国少年先锋队”的简称。

11. 卓别林主演的喜剧电影之一，描写了找金子的故事。

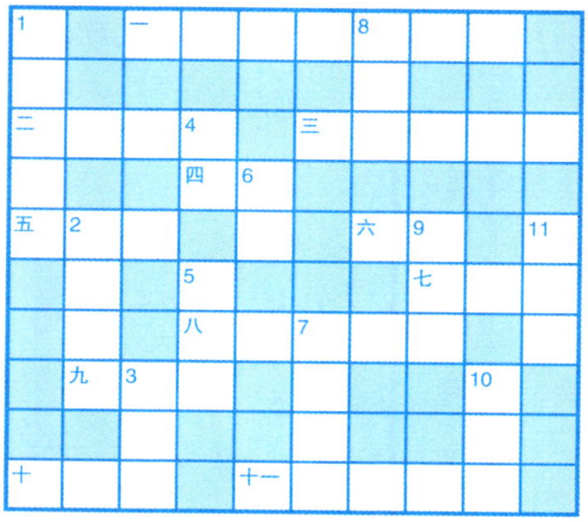

8. 横十纵10

横向

一、模仿事物的形状创造的文字，是一种最原始的造字方法。

二、一款繁殖数量惊人的蚂蚁建造庞大帝国的游戏。

三、一部杰出的游记体讽刺小说，描述了主人公在小人国的奇特经历。

四、学生或者其他学习的人完成指定作业所用的本子。

五、我国辽宁省重要的港口城市。

六、位于上海市的我国目前第一高的大厦。

七、电视剧《狼毒花》中主人公常发的扮演者。

八、古诗“春风又绿江南岸”的下一句。

九、指在荒芜的土地上开垦。

十、在《百家讲坛》栏目中，以讲《论语》而闻名的女教授。

纵向

1. 陆地上体形最大的哺乳动物。

2. 韩愈《进学解》中“行成于思，毁于随”的上一句。

3. 小学生练习写字用的专用本子。

4.《倚天屠龙记》中明教总坛所在地。

5. 把孙悟空压在五行山下的神话人物。

6. 电视剧《风云》中步惊云的扮演者。

7. 法国杰出昆虫学家法布尔的传世佳作。

8. 内装照明剂用以发光照明的弹药。

9. 电影《金刚》中，巨猿爬上的摩天大楼的名称。

10. 湖南卫视和琼瑶再次联手合拍、主人公叫“小燕子”的电视剧。

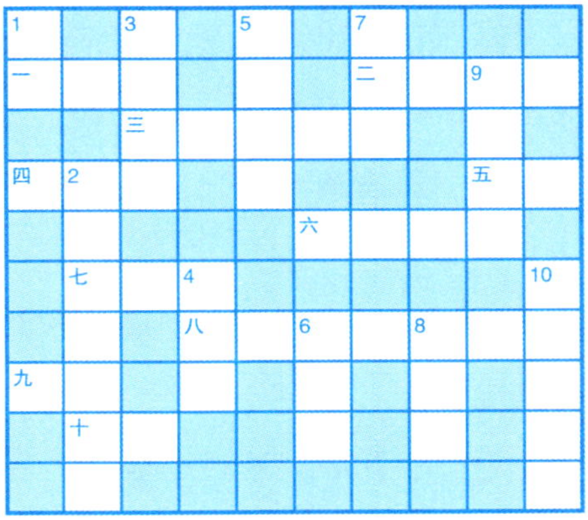

9. 横十一纵10

横向

一、位于贵州省的中国第一大瀑布。

二、讲述达·芬奇小时候耐心学习绘画的故事。

三、生活在北极地区的大型陆地食肉动物。

四、唐朝的政治中心，也是世界史上最宏伟和最大的宫殿建筑群之一。

五、德国作曲家、钢琴家、指挥家，维也纳古典乐派代表人物之一。

六、客运部门在火车上职位最高的领导。

七、古诗“一览众山小”的上一句。

八、位于山西省东北部的四大佛教名山之一。

九、田震的一首把伟人比喻成大树的歌曲。

十、杨幂、陈小春主演的一部惊悚电影。

十一、儿歌“游过一群鸭”的上一句。

纵向

1. 一款美国著名的赛车类游戏。

2. 我国的第一大岛。

3. 生长在澳大利亚的树栖动物，也叫考拉。

4. 位于吉林省，中朝两国的界山。

5. 一首众多明星联唱的期盼明天更加美好的歌曲。

6. 坐落于西藏拉萨市的一座规模宏大的宫堡式建筑群。

7. 一部讲述医药世家白府经历清末、民国、军阀混战、解放等时期的电视剧。

8. 讲述主人公小智立志成为宝贝大师的日本历险系列动画片。

9. 母鸡所产的卵，也是人类的食品之一。

10. 日本著名的电器产业品牌，创始人是松下幸之助。

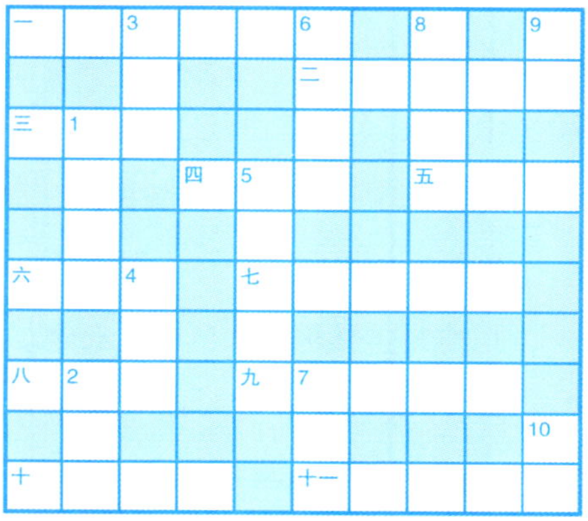

10. 横十纵10

横向

一、2010年广州亚运会礼仪小姐的服装名称。

二、《封神演义》中能在地下行走的神话人物。

三、古诗“离离原上草”的下一句。

四、天使型数码宝贝，拥有八个翅膀的圣女，被称为数码世界的女神。

五、电视剧《铁齿铜牙纪晓岚》中纪晓岚的扮演者。

六、中国首位民选超级女歌手，她的粉丝被称为“玉米”。

七、成语，比喻人无知而又狂妄自大。

八、一部武侠电视剧，主人公是江小鱼和花无缺。

九、一款跨越万年的即时战略游戏，展示了人类的文明史。

十、学校教育中的一门课程，德育教育的重要途径之一。

纵向

1. 唐代诗人张若虚的诗，再现了江南春江月色的美丽。

2. 中央电视台《新闻30分》的播音员。

3. 中央电视台讲述经典影片的幕后故事，再现几代影人风采的谈话类节目。

4.《变形金刚》系列动画中的最大反派，变形为星球。

5. 古典名著《红楼梦》中贾家最重要的府第。

6. 词语，风采和才华为当世第一。

7.《七龙珠》中的角色之一，孙悟空和琪琪的第二个儿子。

8.《西游记》中一个只有女人的国家。

9. 成龙一人扮演性格、爱好迥异的双胞胎兄弟的电影。

10.《水浒传》中杨志的绰号。

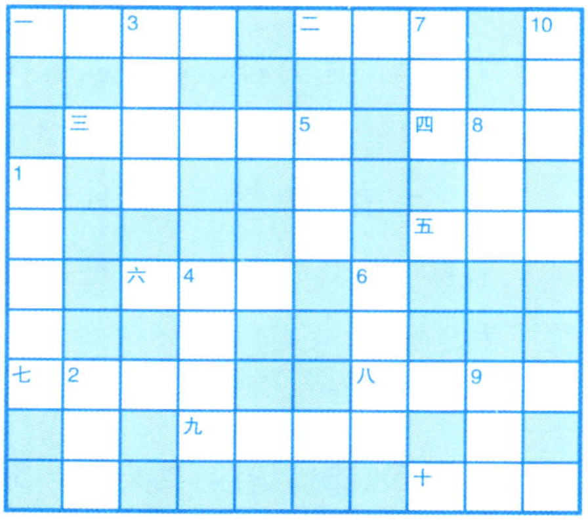

11. 横十纵11

横向

一、中华人民共和国国歌。

二、《水浒传》中绰号为“入云龙”的人物。

三、《三国演义》中驮着刘备跳过檀溪摆脱追兵的马。

四、吸附性的活性炭对室内空气的作用。

五、通过净化、消毒后生产出来的符合国家饮用水标准的生活、生产用水。

六、发源于湖北省黄梅县，中国五大剧种之一。

七、制作电视节目并通过电视或网络播放的媒体机构。

八、为避免屏幕磨损或灰尘进入而对手机进行的一种保护行为。

九、国家大力推广的可以节约大量照明电能和费用的灯。

十、中国内地唯一的全球华语音乐节目，以打造中国的“格莱美奖”为目标。

纵向

1. 黄宏、巩汉林、魏积安、黄晓娟合演的小品。

2. 长江中下游地区每年6月中下旬至7月上半月之间持续阴天有雨的气候现象，又称黄梅天。

3. 一部美国电影，讲述了由一个魔力棋盘引发的冒险经历。

4. 具有强大的光源以及一面能将光线集中投射于特定方向的凹面镜的灯。

5. 日本著名的汽车品牌之一。

6. 中国残疾人艺术团表演的关于“南海观音”的舞蹈。

7. 人们经常购买饮用的纯度极高的水，又名高纯水。

8.《西游记》中唐僧的大徒弟。

9. 位于眼球壁的内层的一层透明薄膜。

10.《水浒传》中的“五虎上将”之一，关羽的后代。

11. 专门从事特别精确而详细的气象观测的科学机构。

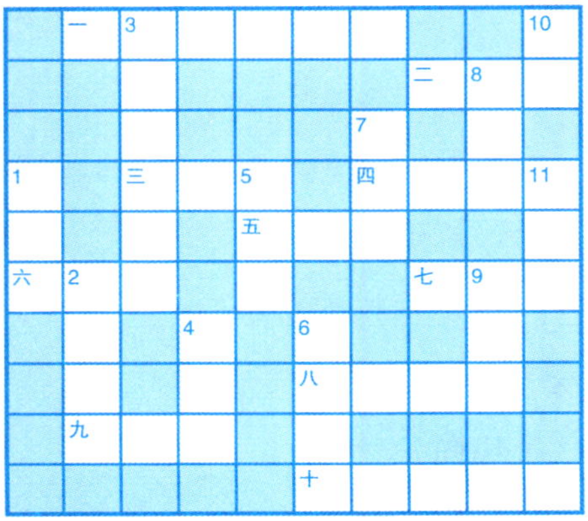

12. 横十纵10

横向

一、《水浒传》中对梁山泊上一百零八位头领的称呼。

二、成语，对场面过于讲究，以显示自己的阔绰，多用于婚丧大事。

三、一种含咖啡因的碳酸饮料。

四、学生学年成绩不符合升级标准，留在原年级重新学习。

五、一种古老的甜味剂，是蔗糖甜度的300 倍到500 倍。

六、西班牙国粹，从事这一竞技运动的人被认为是勇敢善战的。

七、古诗“君看一叶舟”的下一句。

八、颈部扩张时背部呈现一对美丽的黑白斑、看似眼镜状花纹的蛇。

九、歇后语“假慈悲”的上半句。

十、杭州著名的旅游胜地，被誉为“人间天堂”。

纵向

1. 一款以“大大超人”为卡通形象的口香糖。

2. 葛优、吴倩莲、傅彪主演的一部电影。

3. 河北省西北部城市，重要的地理文化名城。

4. 猫中的贵族，性情温文尔雅，给人一种华丽高贵的感觉。

5. 一部根据真实故事改编的关于猎杀藏羚羊和阻止猎杀藏羚羊的电影。

6. 肯德基快餐店固定销售的一种碳酸饮料。

7. 以八样谷物或者坚果混合煮食的粥。

8. 人的瞳孔天生或人为的都朝中间靠拢的眼睛。

9. 位于黑龙江省的我国最大的高山堰塞湖。

10. 中央电视台第七套节目中优秀战士参与的一个军事竞赛项目。

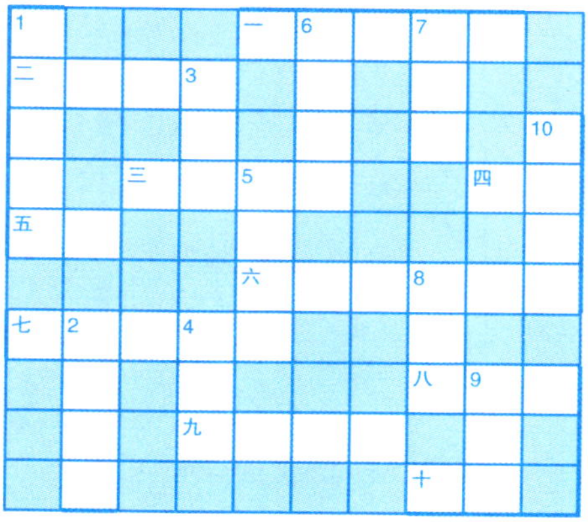

13. 横十纵10

横向

一、一部讲述一个既“英气”又“嘎气”的少年抗日的老电影。

二、专门从事音乐活动，专注于音乐领域的艺术家。

三、专门从事舞蹈表演或者伴舞的演员。

四、《射雕英雄传》中梅超风使用的阴毒武功。

五、人们用QQ 聊天时，表达感情的一种符号。

六、《水浒传》中梁山军师的绰号和名字。

七、城市居民户籍的一种证明文件。

八、武侠电视剧中的一种轻功，可以在草上奔走。

九、车站为旅客提供的寄存包裹的一项服务。

十、《火影忍者》中的人物，是初代火影和第二代火影的弟子。

纵向

1. 重阳节的农历日期。

2. 我国知名的一个绿色软件下载网站。

3.《西游记》中领孙悟空上天做“弼马温”的神仙。

4. 成语，形容猛兽凶恶可怕，也比喻现实生活中的人猖狂凶恶。

5. 网络术语，用户所登录的账户名，即所在网站的识别码。

6. 影片中的演员或是演员与剧中角色的对照表。

7. 李时珍的药学著作。

8. 从事广播、电视等媒体新闻播报的人。

9.《三国演义》中刘备的结义兄弟，惯用丈八蛇矛枪。

10. 复齿鼯鼠的别称，也叫飞鼠，古书中称其“得过且过”。

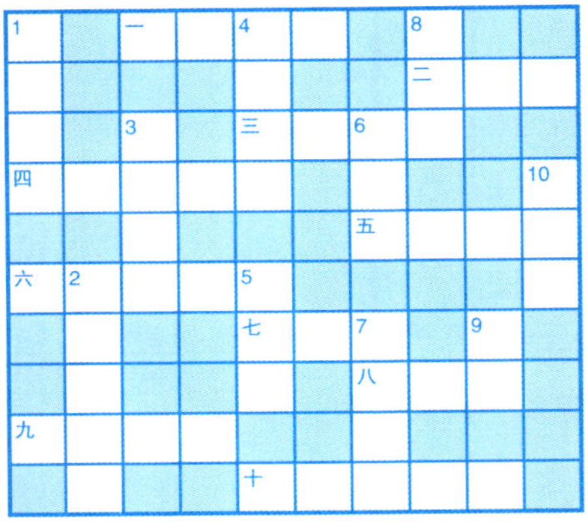

14. 横十一纵10

横向

一、我国最南部的领海。

二、请到家里为孩子辅导功课的教师。

三、中央电视台一档介绍大自然中各种动物的栏目。

四、通常指夜间的看护人员，意为夜间守卫。

五、人们对中国历史上最后一位皇帝的叫法。

六、成语，形容人们晚上连着白天辛苦工作或学习。

七、指人们个体心理的一种消极反应。

八、苏联的主要建立者和第一位最高领导人。

九、谢霆锋、张家辉、蔡卓妍、佟大为、黄奕主演的喜剧电影。

十、《西游记》中托塔李天王帐下的先锋战将，征讨花果山时首先出战。

十一、我国著名的方便面品牌。

纵向

1. 分布在海洋中的动物群。

2. 世界上唯一以犹太人为主体的国家。

3.《武林外传》的总编剧。

4. 各种预言提到的2012年地球文明终结的日子。

5. 国家森林公园，湖南省最主要的风景名胜之一。

6. 古代人们对提供住宿的旅馆的称呼。

7. 顺治皇帝的父亲。

8. 学校校规的一条，尊敬师长，遵守纪律。

9. 协助求助者解决各类心理问题的人。

10. 孔子的一句名言，形容到处都有值得我们学习的人。

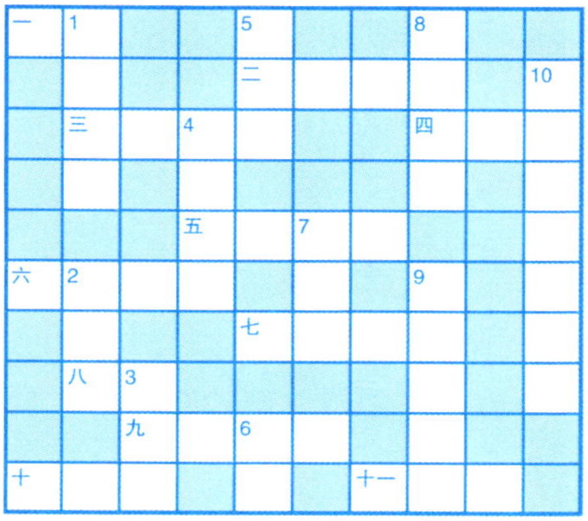

15. 横十一纵10

横向

一、国际上非常普及的长跑比赛项目，全程距离42.195 千米。

二、女歌手郭静的一首主打歌曲。

三、全世界少年儿童的节日。

四、美国动作明星史泰龙的代表作。

五、少林七十二项绝技之一，主练一根手指。

六、唐代诗人王之涣在《凉州词》中提到的著名关隘。

七、家庭常用的播放音乐的电子设备组合。

八、《天下无贼》中傻根的扮演者。

九、西汉王朝最鼎盛时期的一位皇帝。

十、以酒精为燃料的加热工具，用于加热物体。

十一、古诗“不敢高声语”的下一句。

纵向

1. 人们夏季经常饮用的含二氧化碳的低酒精度瓶装酒。

2. 美国魔幻电影三部曲，故事情节围绕一个魔力戒指展开。

3. 根据中国古代神话传说改编的电视剧，主人公是沉香。

4. 古诗“言师采药去”的上一句。

5. 常用词语，指外行人。

6. 人们对山海关的另一个美称。

7. 我国历史上唯一的女皇帝。

8. 会从叶子尖端或叶边缘向下滴水的花，又名“滴水莲”。

9. 奉献爱心、不求任何报酬的献血行为。

10. 一种能迅速摆动尾部的尾环、长时间发出响亮声音的毒蛇。

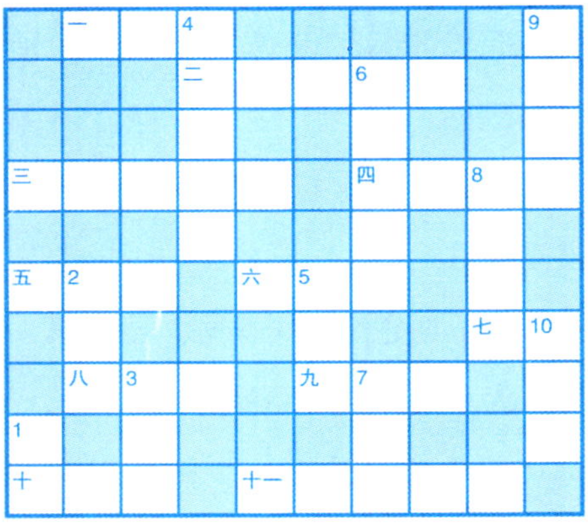

16. 横十纵11

横向

一、小品演员，著名的男笑星，讲一口地道的陕西话。

二、古诗“满园春色关不住”的下一句。

三、我国古代对笔、墨、纸、砚的统称。

四、成语，无法用词语来形容。

五、奇幻儿童电影，讲述了一个女孩从衣橱偶然进入另一个世界的故事。

六、一只聪明的母鸡带领大家逃离养鸡场的英国动画电影。

七、因“上帝之手”而更加有名的阿根廷著名足球运动员，现已退役。

八、用鲜花或者纸花等扎成的环形祭奠物品，表示哀悼与纪念。

九、世界上最高水平的足球比赛，每四年举办一次。

十、仿造地球的形状、按照一定的比例缩小制作的地球模型。

纵向

1. 英国生物学家，进化论的奠基人。

2. 用可乐和鸡翅做成的一道家常菜。

3. 香港电影明星成龙的儿子，在《男儿本色》中扮演一名警察。

4. 清朝初期，八旗子弟入关后骑马以圈定土地归属的现象。

5. 世界知名的德国高档汽车品牌，车标设计象征着旋转的螺旋桨。

6. 世界著名的巴西足球运动员，有“外星人”的绰号。

7. 晚唐诗人杜牧《清明》诗中牧童所指的酒家。

8. 位于非洲东部，东非大裂谷纵贯南北，也是人类发源地之一。

9. 歇后语“随风倒”的上半句。

10. 一款构建了一个完整的虚拟社会体系的奇幻动作类网络游戏。

11.《哈利·波特》系列中重要的空中团队对抗比赛运动。

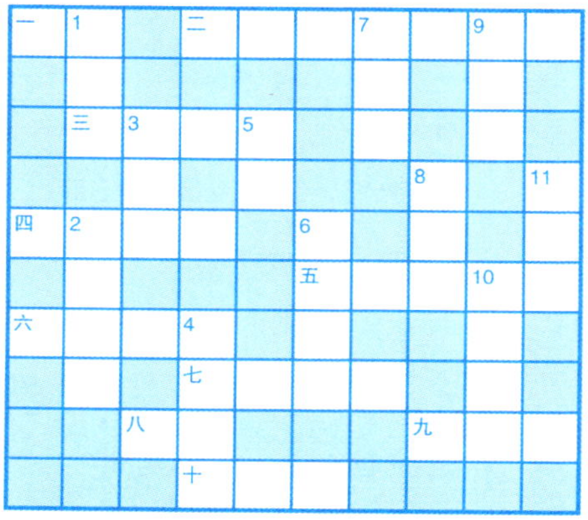

17. 横十一纵13

横向

一、英勇抗击日军、跳崖就义的五位八路军战士。

二、太阳系第三大行星。

三、界于金属与绝缘体之间的材料。

四、我国第二大岛。

五、一部经典的美国音乐歌舞片。

六、电脑的另一个名字。

七、作为人生行为规范、言简意赅的语句。

八、人们对“山海关”的另一个称呼。

九、我国童话作家郑渊洁的美名。

十、现代标准汉语。

十一、主要用于头发吹干和整形的工具。

纵向

1. 我国的内海，与黄海相通。

2. 成语“滥竽充数”中的历史人物。

3. 我国第一大半岛。

4. 一部德国经典童话作品。

5. 通过纸条或录音留下要交代的事情。

6. 测量体温的工具。

7. 中国共产党的主要创始人之一。

8. 又名无线电、广播等。

9. 把信息保存到本地电脑上的一种网络活动。

10. 一年中的第一个季节。

11. 有“书圣”之称的书法家。

12. 祝福出门人平安吉祥的语言。

13. 在楼道、走廊等处的声控延时开关。

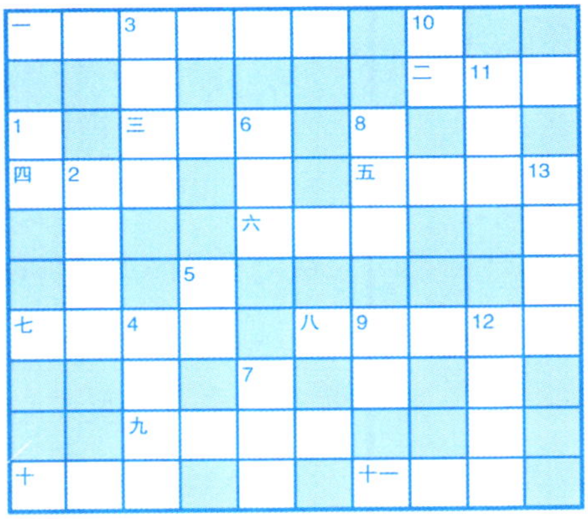

18. 横十纵11

横向

一、秦末起义军领袖，兵败在乌江自刎而死。

二、2010 年在上海举办的一届博览盛会。

三、小学语文课文，记述了伽利略做的落体实验。

四、位于吉林省的中国与朝鲜的界河。

五、篮球术语，投出的球未沾篮板、篮筐、篮网。

六、北京奥运会上童声唱响的一首赞美祖国的歌曲。

七、河南省登封嵩山的一座寺院，也是少林武术的发源地。

八、家居生活中挂置衣服和物品的家具。

九、古诗“一岁一枯荣”的上一句。

十、美国总统乘坐的专机。

纵向

1. 神话故事“八仙过海”中的一位神仙。

2. 张艺谋的一部反映农村教育问题的电影。

3. 作家曲波的一部描写东北剿匪的书。

4. 两人或者四人对打的体育项目，橡皮的半球上端有一圈羽毛。

5. 一首优秀的歌曲，歌词的第一句“鲜花曾告诉我你怎样走过”。

6. 一种香草，其气味能醒脑明目，还能驱除蚊蝇，使衣物带着清香。

7. 词语，比喻暗中排挤，使某个人失去实权。

8. 描绘全世界各个国家和地区的地图。

9. 天安门广场上每天从事升降国旗工作的军人团队。

10. 白居易描写江南风景的一首词。

11. 周星驰、张雨绮、徐娇主演的一部科幻电影。

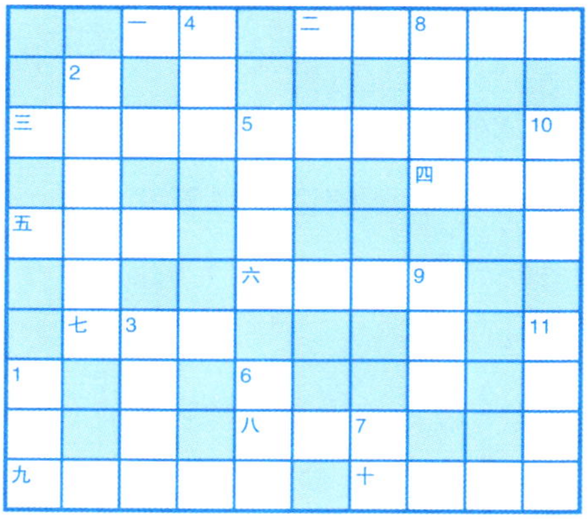

19. 横十纵11

横向

一、著名女高音歌唱家，代表作有《辣妹子》《好日子》等。

二、一种只能显示黑白两色的电视机。

三、周恩来少年时期立下的远大而崇高的抱负。

四、我国的第二大岛。

五、具有汉字书写能力，并能将其推至书法艺术高度的人。

六、描写一位山西少年立志在京城开设“天下镖局”的系列电影。

七、一个在网络上走红的街头乞丐。

八、描写日本少年踢足球成长经历的动画电影。

九、《变形金刚》中塞伯坦行星内部深处的一台蕴含无穷知识和技术的超级电脑。

十、北欧神话中掌管北极光的女神，张韶涵有一首同名歌曲。

纵向

1. 著名的男高音歌唱家，代表作有《敢问路在何方》等。

2.《变形金刚》中一只远古塞伯坦星球机械巨怪，是震荡波的宠物。

3. 李连杰主演的一部保护香港女证人的电影。

4. 我国历史上杰出的数学家，首次将圆周率值计算到小数点后七位。

5. 中央电视台体育频道以报道国际足坛最新赛事和新闻为主的栏目。

6. 赛跑时起跑的标志线。

7. 在电影《旋风小子》中演小和尚的演员。

8. 古代先哲的人生格言“行万里路”的上一句。

9. 区别于以纸张为载体的传统出版物的数字化出版物。

10. 世界著名的意大利汽车品牌，主要制造一级方程式赛车及高性能跑车。

11. 日本怪兽电影，描述受到辐射污染的、身高高达百米的恐龙型怪兽。

1		一	4			二		9	
三	3				6		8		
	四								
							五	10	
	六		5						
2					7		七		11
			八						
九							十		

20. 横十纵11

横向

一、词语，有所隐蔽、不为人知的事情或事物。

二、天安门广场上为了纪念牺牲的烈士而建立的石碑。

三、童话大王郑渊洁笔下最具知名度的小女孩。

四、《西游记》中唐僧取经路上所骑的马。

五、八一南昌起义的领导者之一。

六、用一匹小马的故事启发孩子们多动脑、多尝试的一篇课文。

七、日本著名汽车品牌，汽车的标志采用六连星的形式。

八、《西游记》中猪八戒被贬入凡间后化成人形曾住过的一个村庄。

九、位于青藏高原，与喜马拉雅山平行的山脉。

十、设计卡通化、功能定制化、专门为儿童设计和制造的手机。

纵向

1. 童话故事中上半身是人形、下半身是鱼尾的形象。

2. 我国的名山之一，被誉为“中国革命的摇篮”。

3. 马克思主义的创始人之一，也是马克思的挚友。

4. 一篇讲述掩护交通员李大叔，最后靠游泳逃离危险的抗日小英雄的课文。

5. 与我国新疆接壤的一个国家，首都是伊斯兰堡。

6. 一篇纪念抗日战争中牺牲的加拿大医生的文章。

7. 中医切按患者手腕部脉搏的诊断方式。

8.《士兵突击》中钢七连历史上的第五千名士兵。

9.《射雕英雄传》中周伯通的外号。

10. 唐代诗人孟浩然应邀到一位农村老朋友家做客的诗。

11. 美国第一大河，也是世界第四大河。

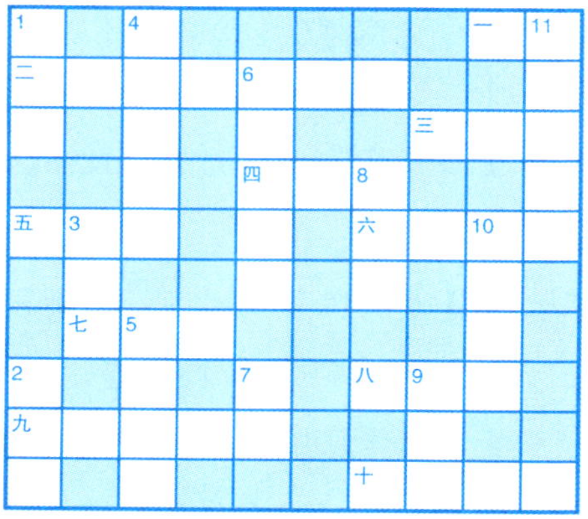

21. 横十纵10

横向

一、在我国北方城市、农村分布极广的一种树。

二、西汉时期横贯亚欧的商贸通道。

三、古诗“不知细叶谁裁出”的下一句。

四、《笑傲江湖》中武功极高的日月神教教主。

五、河北省的省会。

六、五指向内弯曲握拢的手形。

七、现代中国的象征，也是国庆大典时国家领导人检阅军队的场所。

八、《笑傲江湖》中令狐冲所在的江湖门派。

九、甄子丹、姜文、孙俪主演的电影。

十、《图兰朵》中一首著名插曲，上海世博会开幕式上曾唱此曲。

纵向

1.《水浒传》中梁山好汉阮家三兄弟之一，绰号“立地太岁”。

2. 神话传说中天宫的门户之一。

3. 古诗“羌笛何须怨杨柳”的下一句。

4. 评书和电视剧《杨家将》中天波府的烧火丫头。

5. 关于一代奇女子成为朝鲜王朝历史上首位女御医的韩国大型励志剧。

6. 一种靠三种不同的手势分出输赢的游戏。

7. 头部带一字或十字槽可以拧紧或旋松螺丝钉的工具。

8. 一档在山东卫视播出的大型民间文艺秀节目。

9. 李冰冰、黄海冰主演的电视剧。

10. 张三丰创立的武林门派。

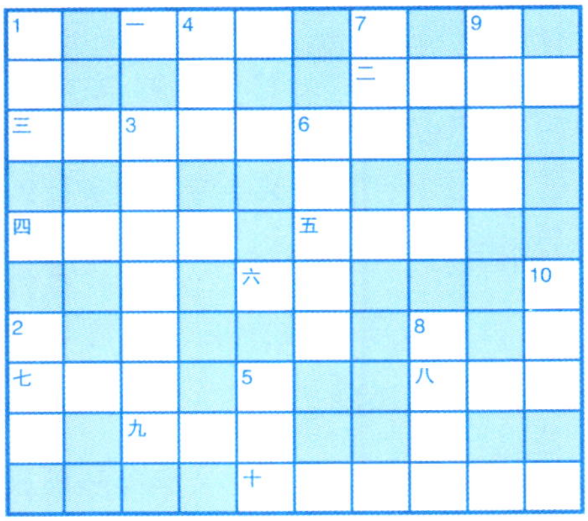

22. 横十一纵10

横向

一、一个著名的隐形眼镜品牌。

二、周星驰的电影《功夫》中武功高强的女房东。

三、位于甘肃省的我国著名的四大石窟之一。

四、电影《神话》中的女主角，韩国人。

五、英国著名足球运动员，人称“万人迷”。

六、天津著名的小吃品牌。

七、闻名世界的美国赌城。

八、立于桥道要冲或砌于房屋墙壁的小石碑（或小石人），用来祈求平安祥和。

九、成语，指暗地里策划坏的、害人的主意。

十、控制点击鼠标的时机来赢得无限金币和银币的Flash 小游戏。

十一、司机驾驶时左脚踩踏的一个踏板。

纵向

1. 散文《鸟的天堂》的作者。

2. 位于我国青藏高原的世界上最高大、最雄伟的山脉。

3. 英国的首都。

4. 电视剧《侠客行》中的男主人公。

5. 电视剧《武林外传》中佟湘玉的小姑子。

6. 成语典故“指鹿为马”中的历史人物。

7. 世界闻名的美国著名汽车品牌，也是美国三大汽车品牌之一。

8. 杨红樱作品，由冬日的翠湖公园出现的两只狗引出的故事。

9. 俗语“公说公有理”的下一句。

10. 能进行数学运算的手持机器。

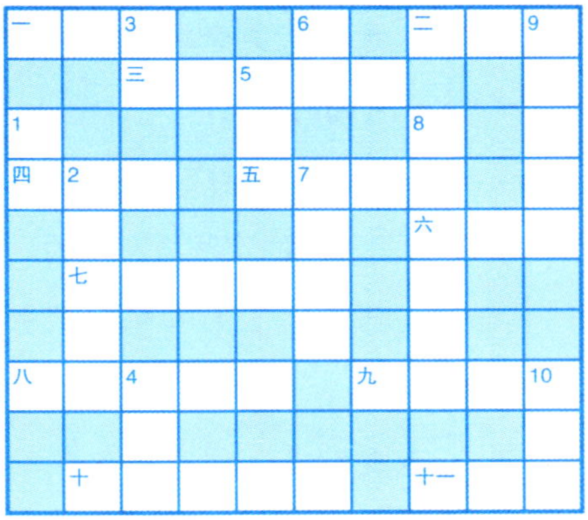

23. 横十纵10

横向

一、一种维生素饮料，有补充体能的功效。

二、古诗“等闲识得东风面”的下一句。

三、一种具有解热、镇痛效果的常用药。

四、用玉米粒做的一种膨化食品。

五、俗语，对事情的发生、过程与结尾都不知道。

六、龚琳娜演唱的一首新艺术歌曲。

七、古天乐、吴彦祖主演的一部争夺枪王荣誉的电影。

八、一项少年儿童广泛参与的团结互助、共同进步的实践教育活动。

九、一部讲述二郎神杨戬成长经历的电视剧。

十、电视剧《士兵突击》中钢七连连长的扮演者。

纵向

1. 安装了消音筒、射击时声音非常微弱的手枪。

2. 刘欢的一首代表作，《北京人在纽约》的片头曲。

3. 法国19世纪浪漫主义作家大仲马的代表作之一。

4.《射雕英雄传》中铁掌帮的帮主，绰号“铁掌水上漂”。

5. 一种在夏天总是叫个不停的昆虫。

6. 电视剧《士兵突击》中许三多的扮演者。

7. 古诗“人来鸟不惊”的上一句。

8. 现代京剧，剧中主角是李玉和、李奶奶、李铁梅。

9. 小朋友喜爱的一种由许多幅静止的画面连续播放而成的影片。

10. 原指善跑的骏马，可以日行千里，常用来比喻人才。

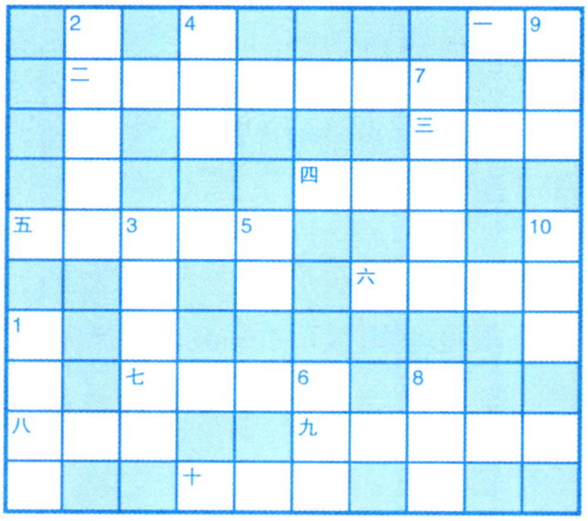

24. 横十一纵10

横向

一、黄山上最著名的松树。

二、《七子之歌》的作者。

三、古诗“明月何时照我还”的上一句。

四、英国的一档旨在发掘业余表演人才的选秀节目。

五、我国的一首著名爱国歌曲，有“第二国歌”之美称。

六、我国历史上的数学家、科学家，对圆周率的研究有卓越贡献。

七、在美发厅里为人们进行发型设计、化妆、造型的工作人员。

八、二十四节气之一，此时雨水增多，大大有利于谷类农作物的生长。

九、中国志愿军支援朝鲜人民反抗侵略时跨过的一条江。

十、赛尔号里的团队BOSS，草系，四十级。

十一、电影《2012》中，被火山强烈爆发所吞没的美国国家公园。

纵向

1. 我国南部和东南部沿海经常出现的一种强烈风暴。

2. 多年生常绿灌木，因为寓意发财之意，深受人们喜爱。

3. 传说中“一苇渡江”的印度高僧。

4. 华人导演李安的科幻电影。

5. 黑龙江最大的支流，流域面积占东北三省总面积的69% 以上。

6. 宫崎骏的漫画作品，主角的名字叫娜乌西卡。

7. 一种天然玛瑙石，也称文石、幸运石，主要产于江苏省南京一带。

8. 古诗“李白乘舟将欲行”的下一句。

9. 加拿大最大的城市，也是全国工业和商业中心。

10. 绿宝石之王。

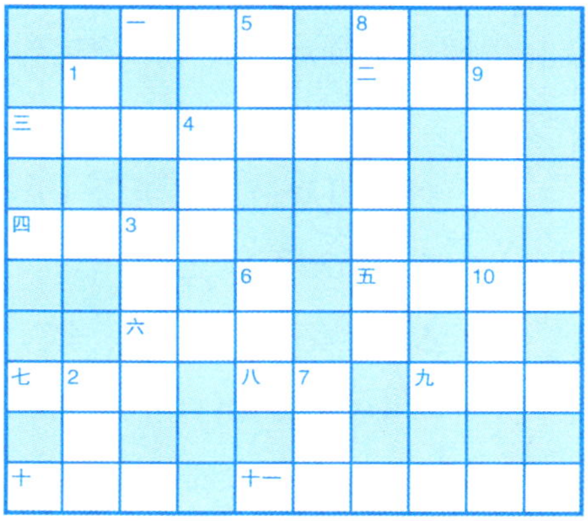

25.横十纵10

横向

一、一所位于北京的著名大学，五四运动的发祥地。

二、可口可乐公司出品的一款纯净水饮料。

三、刘欢演唱的一首激励下岗的人再就业的公益歌曲。

四、中国第一大淡水湖，位于江西省北部。

五、侯勇、许亚军、王雅捷主演的电视剧。

六、歌曲《走进新时代》的第一句歌词。

七、具有水陆联运设备和条件，供船舶安全进出和停泊的运输枢纽。

八、特型男演员，在电影《周恩来》中成功扮演周总理。

九、古诗“当春乃发生”的上一句。

十、日本机器人题材作品中最著名、最经久不衰、最庞大的卡通系列。

纵向

1. 许美静的代表歌曲。

2. 济南三大名胜之一，也是济南市中一处难得的天然湖泊。

3. 汉族传统文化之一，又称楹联或对子。

4. 动画片《哆啦A 梦》中可以任意穿梭于过去和未来的一种机器。

5. 2011年春晚，赵本山、王小利、小沈阳、李琳合演的一部小品。

6. 古诗“月是故乡明”的上一句。

7. 施瓦辛格主演的和外星人大战的一部电影。

8. 人们对足癣的一种通俗的叫法。

9. 一部科幻电影，故事发生在一个叫潘多拉的星球上。

10. 曲艺的一种，流行于北方，一人或两人说唱，用竹板或两个牛胯骨打拍。

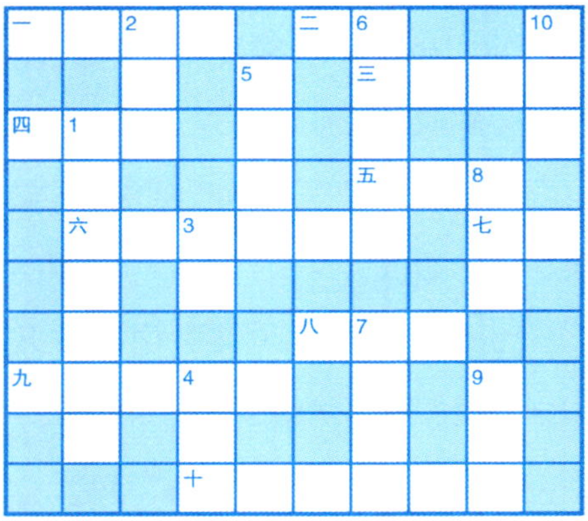

26. 横十纵11

横向

一、以饰演武侠小生出名的演员，代表作有《武林外史》《隋唐英雄传》等。

二、孙悟空自封“齐天大圣”时所居住的山。

三、《碧血剑》中正邪参半的夏雪宜的外号。

四、画在敦煌石窟中的飞神，已经成为敦煌壁画艺术的一个专用名词。

五、儿童期常见的行为问题，主要表现为注意力不集中。

六、一种具有很高药用价值的树叶，和它同纲的所有其他植物都已灭绝。

七、古诗“疑是银河落九天”的上一句。

八、中国拳术中象形拳之一，因模仿猴子的各种动作而得名。

九、一款免费的音乐播放软件，集播放、音效、转换、歌词等众多功能于一身。

十、美国电影中来自外太空氪星球的超级英雄。

纵向

1.《变形金刚》中能变形为“雪佛兰”汽车的汽车人。

2. 动画片《圣斗士星矢》中星矢的必杀技。

3. 甄妮演唱的一首歌颂母爱的经典名曲。

4. 一种健康的水果小食品，其最基本的概念是“高含量的果汁果肉”。

5. 泛指通俗的普及的文学艺术，与“阳春白雪”相对应。

6. 位于四川省的我国四大佛教名山之一。

7. 宫崎骏的动画电影，主人公是一个忘记自己名字的少女。

8.《西游记》中孙悟空在太上老君炼丹炉里炼就的眼睛。

9. 中国果冻食品领域的著名品牌。

10. 有助于听力残疾者提高与他人会话的工具、设备、装置和仪器等。

11. 古诗“出没风波里”的上一句。

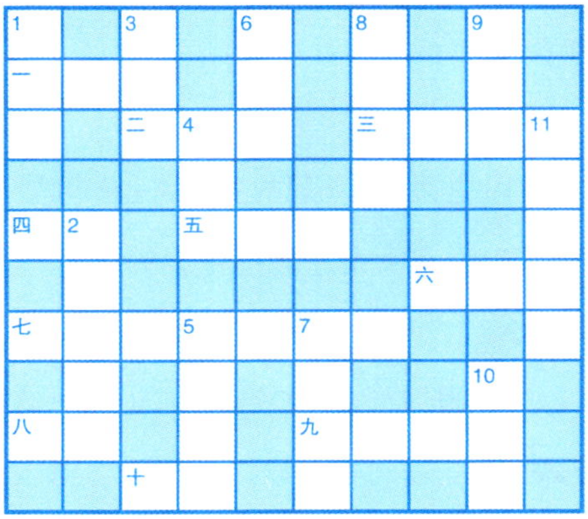

27. 横九纵10

横向

一、杨红樱《笑猫日记》系列中的一本读物。

二、《水浒传》中武松醉打蒋门神时所在的酒馆名称。

三、古诗“春风又绿江南岸”的下一句。

四、词语，受惊，使人感到惊讶。

五、安徒生著名童话，讲述了一个只有拇指大小的姑娘的历险故事。

六、唐朝嗜酒的八位学者名人，也称“酒中八仙”。

七、北方俗语，形容人世故圆滑。

八、云南一种著名的米线小吃。

九、美国作家海明威最著名的作品之一。

纵向

1. 古诗“低头思故乡”的上一句。

2. 爱美女士涂在指甲上的东西。

3. “八仙”中唯一的女神仙。

4. 周星驰、莫文蔚主演的一部恐怖电影。

5.《七龙珠》中孙悟空所属种族名称。

6. 词语，沉醉于某种事物或境界里，以求得内心的安慰。

7. 谚语“各显神通”的上一句。

8. 游戏《摩尔庄园》中操纵一头猪进行的游戏。

9. 国内领先的儿童娱乐网站，《赛尔号》《小花仙》等都出自这个网站。

10. 古诗“将军夜引弓”的上一句。

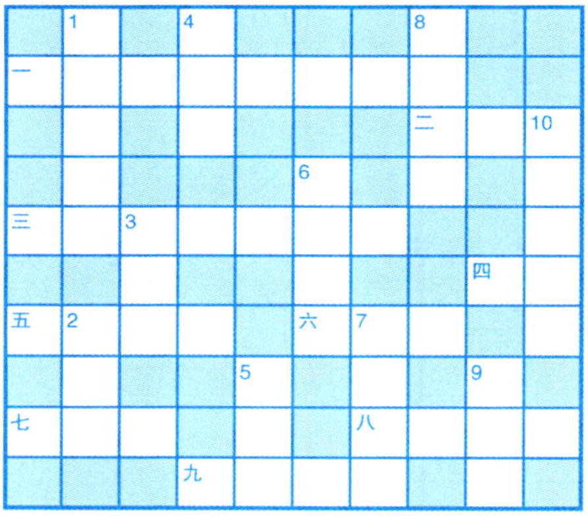

28. 横十一纵10

横向

一、古诗“西出阳关无故人”的上一句。

二、中国古代传说中铸剑的名匠铸出的雌雄双剑。

三、《三字经》中的第一句。

四、俗语，比喻以好的名义作招牌，实际上兜售低劣的货色。

五、网络热门词语，指泰山崩于面前而面不改色的镇定程度。

六、电影《叶问》中，叶问的扮演者。

七、歇后语“一家人不认一家人”的上半句。

八、电视剧《神雕侠侣》中丐帮帮主的信物。

九、评书和电视剧中穆桂英带领杨家将攻破的一个大阵。

十、一种扑克游戏，该游戏由三个人玩儿（四人也能玩儿）。

十一、固态的二氧化碳。

纵向

1. 词语，以轻松随便的方式谈话。

2. 常用语，真正的朋友之间友谊像水一样清澈透明。

3. 成语，不顾一切，攻入敌人阵地，形容作战勇猛。

4. 如绵羊的叫声一般，声音发颤，柔柔的。

5. 李小龙的巅峰电影作品。

6. 闽南语“有酒瓶子卖吗”的意思，是收酒瓶的叫卖语。

7. 中国古代对皇帝女儿的称呼。

8. 歇后语“有去无回”的上半句。

9.《射雕英雄传》中黄药师的外号。

10. 小朋友喜爱的一种细长的软塑料包装的饮料，冰冻后吮吸很好。

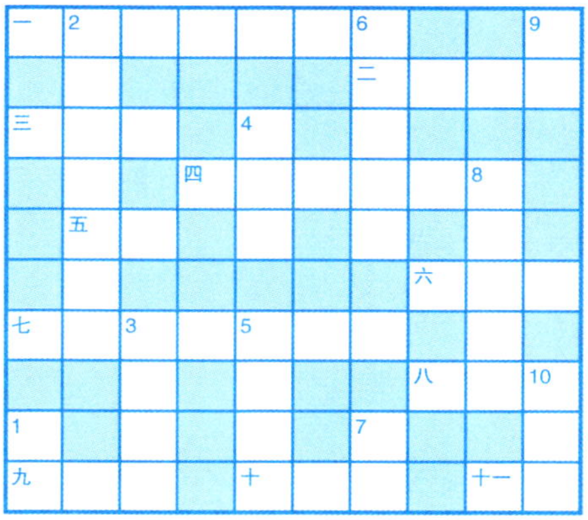

29. 横十一纵10

横向

一、伏在地面、双手支撑身体上下运动的健身运动。

二、哆啦A梦在我国的另一个名字。

三、古诗“只在此山中”的下一句。

四、游戏《植物大战僵尸》中读报纸的僵尸。

五、两腿做蹬伸动作使人向上运动的爆发力量。

六、《西游记》的作者。

七、布鲁斯·威利斯主演的系列动作电影。

八、词语，指男人说话具有一定程度的女性特征。

九、香烟中所含的一种对身体有害的物质。

十、张韶涵的专辑《潘多拉》中的一首歌曲。

十一、人们对某一知识、过去的事情、行为、动作、做法或技能等的回忆能力。

纵向

1. 志愿军一级英雄，为了不暴露目标，趴在火中光荣牺牲。

2. 迪士尼经典动画电影，主角是一只历险的小老虎。

3. 古诗“老大徒伤悲”的上一句。

4. 清朝中后期的权力机关，职责是处理紧急军务。

5. 意大利著名城市，有“水上都市”“百岛城”“桥城”之称。

6. 一部讲述猫的王国的日本动画片。

7. 唐磊演唱的一首广为流传的网络歌曲。

8. 美国动画电影，主角是维克多和艾米丽。

9. 游戏《植物大战僵尸》中运用木杆高高地跃过障碍物的僵尸。

10. 安徽省的省会。

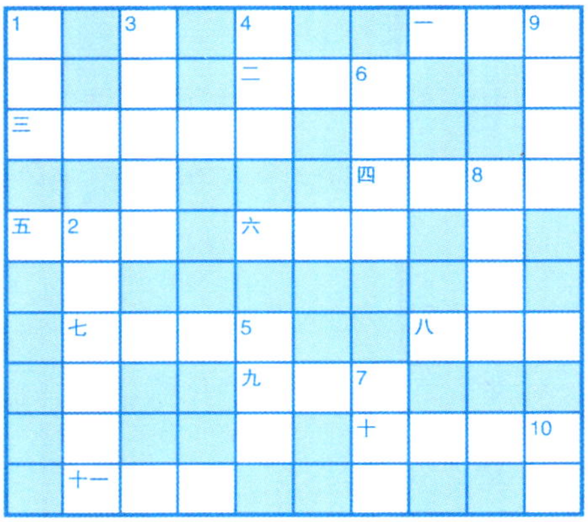

30. 横十纵10

横向

一、北朝民歌《敕勒歌》中，“天苍苍，野茫茫”的下一句。

二、日本动漫片《名侦探柯南》中的女主角。

三、也叫属相，用12 种动物来代表。

四、一部展示羊族奥运会的国产动画片。

五、一只名叫“小脚板”的雷龙历险的美国动画片。

六、美国国家元首和政府首脑的名称。

七、我们生活的这个星球的名字。

八、古诗“悠然见南山”的上一句。

九、从事辅导工作的人员的简称。

十、负责城市行政执法、市容监察等工作的综合执法机关。

纵向

1. “八仙”之一，他的宝物是一个大花篮。

2. 一本讲述一个快乐的吹牛大王历险的故事书。

3. 我国被称为“齐鲁大地”的一个省。

4. 为保护地球环境，尽量减少所耗用能量的生活方式。

5. 一款欧美著名的角色扮演游戏，游戏中有大量神秘的龙。

6. 俗语，表面上给了别人好处，但实际上这好处已附加在别人付出的代价里了。

7. 安排和带领游客食、宿、行、游玩等事情的工作人员。

8. 叶片由盆檐向外下垂的一种观叶花卉，可以净化空气。

9. 德国动画电影，讲述动物们联合起来寻找水源的惊险故事。

10. 参赛双方就某一问题进行辩论的一种竞赛活动。

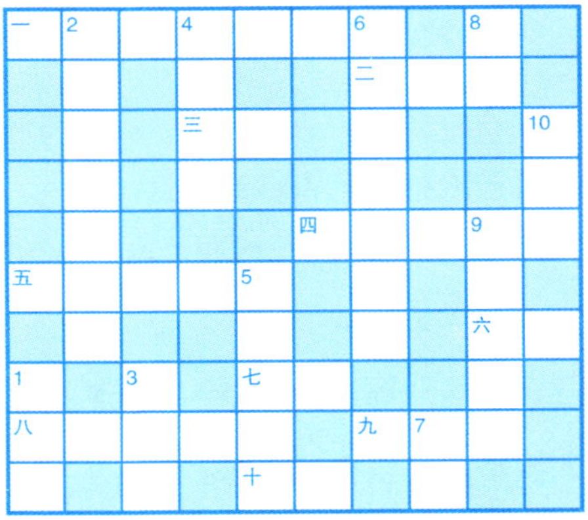

31. 横十一纵10

横向

一、哪吒上天入地的工具。

二、一款操纵蚂蚁、蜜蜂、甲虫等多种昆虫和入侵者对战的游戏。

三、云南出产的一种著名的止血良药。

四、我国北方的一个邻国，其国人擅长骑马和摔跤。

五、古诗“死亦为鬼雄”的上一句。

六、毛主席建立的中国第一个农村革命根据地，被誉为“中国革命的摇篮”。

七、讲述我国两位特种兵参加国际军事组织残酷训练，为国争光的现代军事动作片。

八、人微笑时两颊现出的小圆窝。

九、词语，指在一个小的环境里自己人打自己人，起内讧。

十、也叫电子键盘乐器，通过扬声器产生音响。

十一、电脑常见的一种视频输入设备，可以摄制画面。

纵向

1. 太阳刚出来或者太阳快要落山的时候通红的云。

2. 因一口古井而闻名的历史悠久的酒。

3. 做成圆锥形并且底部向里面凹进去的面食。

4. 古诗“黄河入海流”的上一句。

5. 能将肠道寄生虫杀死或驱出体外的药物。

6. 用于保护制空权以及摧毁敌人飞机的军用机，也叫歼敌机。

7. 箭牌公司推出的1.2米长得可以卷起来的泡泡糖。

8. “女巨人”苏珊、“凝胶怪物”鲍勃等与外星人作战的美国动画电影。

9. 有梯形的琴身和雕刻成马头形状的琴柄，为蒙古族人民喜爱的两弦乐器。

10. 被誉为“流行音乐之王”的美国黑人男歌手。

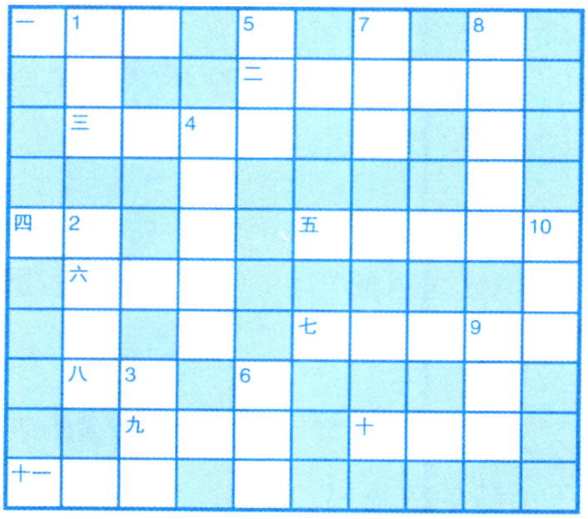

32. 横十纵10

横向

一、一首歌唱美丽春天的儿童歌曲。

二、科幻电影中可以让人们隐形的衣服。

三、陈小春怀念妈妈的一首歌。

四、歇后语“曹操到”的上半句。

五、为流浪难民、无家可归者提供人道援助而设立的营地。

六、佘诗曼、杨怡等主演的涉及大量宫廷斗争情节的电视剧。

七、一种绕水平轴往复摆动的游乐项目，乘客犹如身在大海之中。

八、英国的王宫，王室成员居住的府邸。

九、日本动画电影，主人公怀着复仇之心寻找幽灵船。

十、古典名著《红楼梦》中的女主角。

纵向

1. 位于我国与朝鲜半岛之间的海。

2. 莱昂纳多主演的带观众游走于梦境与现实之间的电影。

3.《名侦探柯南》的剧场版，剧情发生在飞船之上。

4. 起源于美国、伴着强劲音乐而跳的舞蹈。

5. 军队中营一级编制的最高军事长官或指挥员。

6. 阿根廷著名足球运动员，司职前锋，有“新马拉多纳”之称。

7. 神话传说中济公出家的寺院。

8. 一首深受小朋友喜爱的歌唱月亮的朝鲜童谣。

9. 俗语，身子虽然在对立的一方，但心里想着自己原来所在的一方。

10. 杨幂、冯绍峰、何晟铭等主演的穿越题材的电视剧。

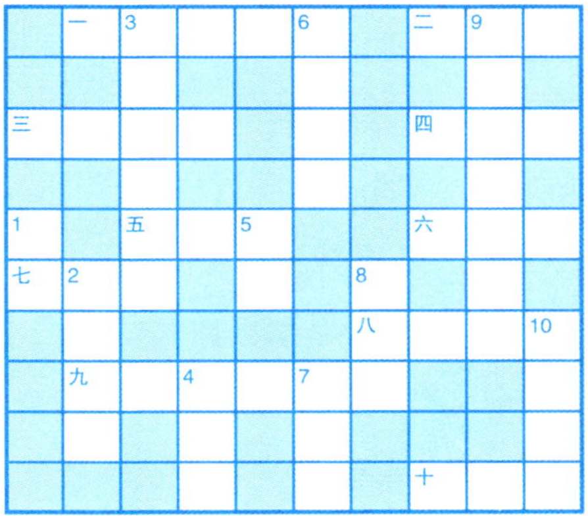

33. 横十一纵10

横向

一、《格林童话》中被狼吞到肚子里的小女孩。

二、电影《功夫》中武功极高的邪派绝顶高手。

三、台湾岛西部台湾海峡中诸岛屿的总称。

四、猕猴桃的另一个名字。

五、通过专用线路把电视信号传输到用户家里的播放方式。

六、位于俄罗斯的世界上最深和蓄水量最大的淡水湖。

七、S.H.E 演唱的一首关于“猫”的歌曲。

八、港口专供货物周转使用的大型装货容器。

九、分隔开双向行驶、全封闭、多车道的高等级公路。

十、专门用于救火或其他紧急抢救用途的车辆。

十一、电视剧《金婚》的女主角。

纵向

1. 温峥嵘、常戎主演的以洪湖地区为背景的革命题材电视剧。

2. 有装甲防护的各种履带或轮式军用车辆。

3.《倚天屠龙记》中张无忌小时候生活的一个海岛。

4. 具有存储和收发电子信息功能的电子信息空间。

5. 讲述主人公小智和皮卡丘冒险的日本动画片。

6. 歌曲《斯琴高丽的伤心》的演唱者。

7. 美国系列动画电影，主人公是一只吃人类食物的橙色胖猫。

8. 中国中央电视台少儿频道《智慧树》栏目的女主持人。

9. 和“老婆”相对应的称呼。

10. 一部讲述潜水工程师和他的儿子在深湖中发现史前巨兽的电影。

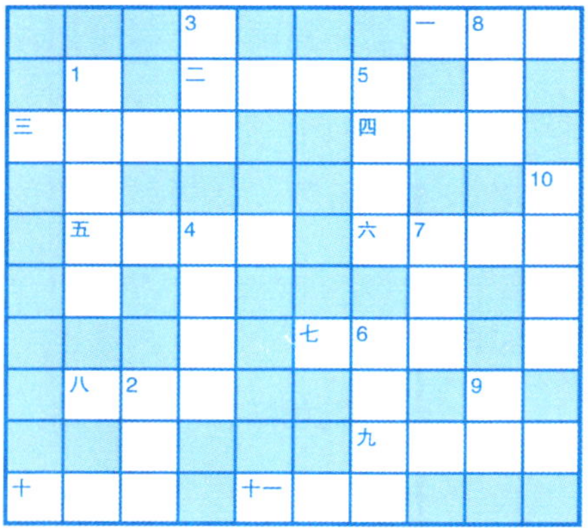

34. 横十纵10

横向

一、古诗“儿童相见不相识”的下一句。

二、北欧神话中的巨大海怪，浮出水面时经常被人误认为是海岛。

三、位于长江中游南部的一个省份，简称“湘”。

四、用剪子和纸创作出来的艺术作品。

五、歌唱家宋祖英演唱的一首赞美幸福生活的歌曲。

六、一种发音部分由滚筒和簧片两部分组成的音乐盒。

七、日本作家黑柳彻子畅销全球的一本书。

八、致力于发展原创漫画的中国漫画界主导期刊。

九、让人们体会到在空中风驰电掣、惊悚恐怖的机动游乐设施。

十、位于南美洲的世界第二长河。

纵向

1. 小沈阳、赵本山、林熙蕾、曾志伟主演的一部武侠电影。

2.《西游记》中教唐僧紧箍咒的神仙。

3. 儿童在有益、有趣的奇幻世界化身为一个盒子的虚拟社区游戏。

4. 古诗“却话巴山夜雨时”的上一句。

5. 头部像马，尾巴像猴，一条长鼻子，身体有棱有角的海洋动物。

6. 词语，有的从南往北，有的从北往南，泛指来来往往。

7. 一篇小说课文，其中一句话为：“河水既不像老牛说的那样浅，也不像松鼠说的那样深。”

8. 一种小食品，外面裹着面粉，里面是花生豆，也叫鱼皮花生。

9. 动漫《神奇宝贝》中的一种宝贝，靠蜕皮成长，牙齿有毒。

10. 配合新车做商业推广和吸引人气的美女。

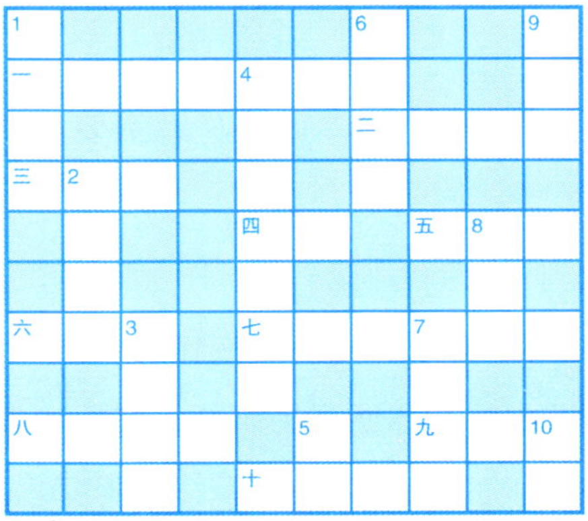

35. 横十二纵13

横向

一、山东烟台著名旅游景点。

二、清末中篇小说，是刘鹗的代表作。

三、《格林童话》中的小女孩。

四、一首优秀的外国歌曲。

五、对某一事物或领域极为精通的人。

六、成语，比喻事物有其短处，并非在所有的情况下都是合适的。

七、成语，形容姿态柔和而美好。

八、定期对饮水机进行的卫生处理。

九、相对于硬性广告而言的文字。

十、一整套精巧的食蟹工具。

十一、《笑傲江湖》中的杀人名医。

十二、火车站接送站需要持有的票。

纵向

1. 热量单位，也叫作大卡。

2. 篮球明星勒布朗·詹姆斯独特的突破及上篮技巧。

3. 著名女演员，主演过《闯关东》。

4. 明清时对入阁官员的一种通俗而又不失尊敬的称呼。

5. 一个优秀的软件下载网站。

6. 一种测量长度、内外径、深度的量具。

7. 记述某人生平事迹的文体。

8. 梁朝伟、林家栋、舒淇主演的香港喜剧电影。

9. 中国公安部门的基层机构。

10. 指每个人都有能力利用有利条件的机会。

11. 既有无产阶级的世界观，又有专门技术和知识。

12. 对家用电器进行微型的保养。

13. 人类手指背面扁平的甲状组织。

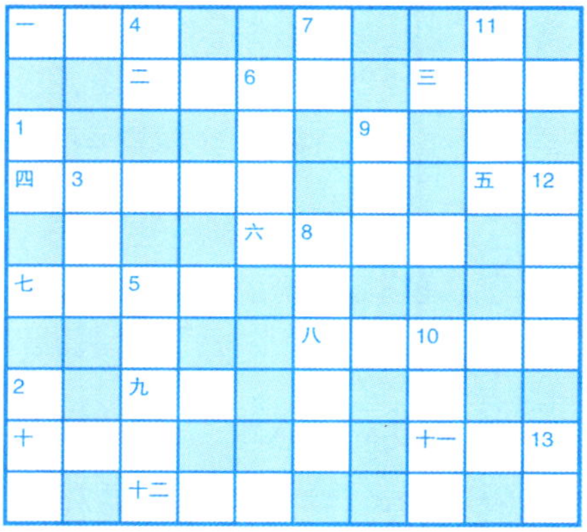

36. 横十四纵11

横向

一、孙楠的一首歌。

二、原指到外国学习或工作。

三、古时对帕米尔高原的称呼。

四、世界三大名刀之一。

五、成功研究者以及成功人士所共同创造出的一门科学。

六、林俊杰演唱的一首歌曲。

七、一种节水效果非常好的水嘴。

八、能变成不同颜色的爬行纲动物。

九、林觉民的一封信。

十、《哈利·波特》中的一种体育竞技游戏。

十一、国内著名的歌唱组合。

十二、古琴曲，讴歌了司马相如和卓文君的爱情故事。

十三、成语，敌军已来到自己的城墙下面。

十四、湖南省的旅游城市。

纵向

1. 成语，一经形成，不再改变。

2. 国内著名男演员，代表作《爱情麻辣烫》。

3. 中国的一所名牌大学。

4. 一款盛行的网络游戏。

5. 空调实际制冷量与实际输入功率之比。

6. 前国家乒乓球队队员。

7. 找工作的行为。

8. 当代作家容三惠写的一部乡土小说。

9. 为及时将甘肃洋葱运往全国各地而开通的专列。

10. 为区别各个列车，为每趟列车编排的标识码。

11. 盛大网络运营的一款奇幻动作类网络游戏。

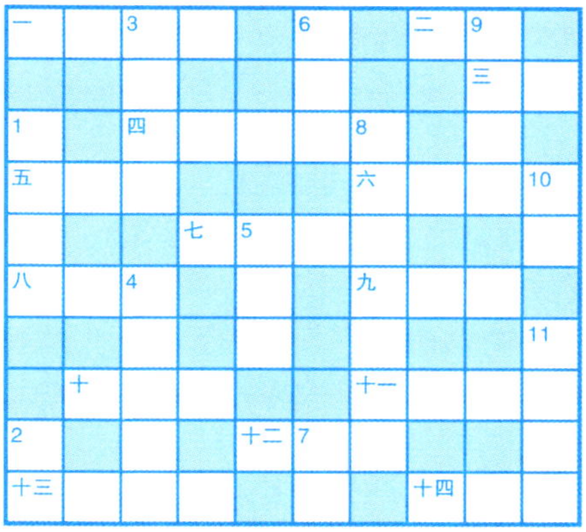

37. 横十二纵10

横向

一、一个外语培训机构。

二、我国古代一个著名的藏书阁。

三、南方很独特的俚语，泛指妻子。

四、林青霞、张曼玉、梁家辉主演的电影。

五、表现77届大学生生活的电视剧，由张译主演。

六、成语，比喻用某人整治别人的办法来整治他自己。

七、费翔的一首歌。

八、多年生草本植物，啤酒酿造不可缺少的原料。

九、原始人类在山洞里居住的方式。

十、一种长满刺的植物，常生长于沙漠等干燥环境中。

十一、战国时期墨家学派的创始人。

十二、手机和座机的显示来电号码的功能。

纵向

1. 曹禺编导的故事片。

2. 普希金的一首诗歌。

3. 国务院领导同志接见外宾的重要场所。

4. 早期的日本美少女类动画作品，主人公小蓓。

5. 台湾女歌手，代表歌曲《财神到》。

6.《射雕英雄传》中的一个帮派。

7. 一首创作灵感来源于云南彝族的老歌。

8. 中国著名学者、文学家、语言学家，代表作有《京华烟云》等。

9. 斯蒂芬・西格尔主演的一部动作、爱情电影。

10. 对企业产品和服务有特定需求的群体。

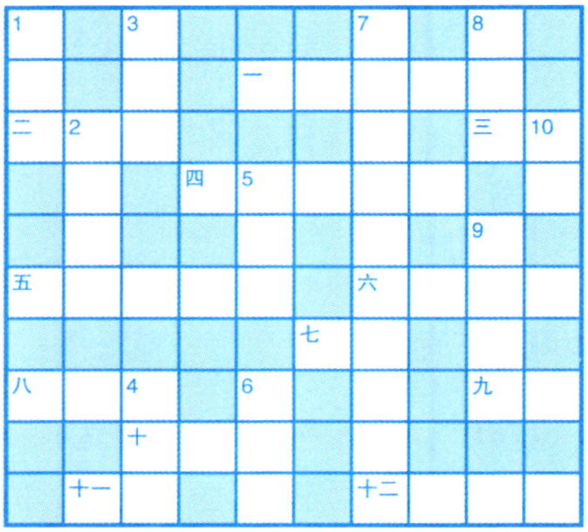

38. 横十纵10

横向

一、甄妮演唱的一首歌。

二、由内因引起的灾祸。

三、以太行山为依托的抗日题材电影。

四、香港以扮演乾隆皇帝出名的演员。

五、郑伊健、陈冠希主演的动作、冒险电影。

六、手机可以避免骚扰的一个功能。

七、成语，指没有邀请而突然到来的客人。

八、俗语，形容事情做起来非常容易，不花一点儿力气。

九、《水浒传》中戴宗的绰号。

十、对指甲的一种美容方式。

纵向

1. 国产动画片中最有名气的一只狼。

2. 周期短、人们高频次和重复使用的产品。

3. 赵心水执导的电影，剧中人物之一为古兰丹姆。

4. 指甲感染真菌形成的一种病。

5. 轩辕黄帝曾建都的地点，现在属于郑州市。

6. 足球世界杯的奖杯。

7. 苏轼词“墙外行人，墙里佳人笑”的上一句。

8. 山西省的省会。

9. 我国“保吃、保穿、保烧、保教、保葬”的社会救助制度的简称。

10. 周星驰早期的一部电影。

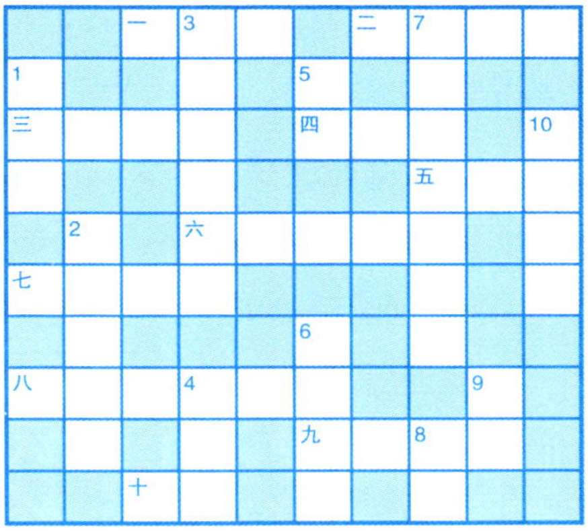

39. 横十二纵12

横向

一、“NBA”的意思。

二、指政府或中央银行为影响经济活动所采取的措施。

三、乘法口诀的另一种说法。

四、中华人民共和国法定货币。

五、法国大仲马的代表作。

六、由夫人出面完成某种特定外交任务的外交形式。

七、指将外国影片配上本国字幕的爱好者团体。

八、美国科幻动作电影，讲述了一个被淘汰的士兵复仇的故事。

九、下凡与牛郎成亲的仙女。

十、世界上第一次对子午线实测的唐朝和尚。

十一、风速在短暂时间内，突然出现忽大忽小变化的风。

十二、多指谈情说爱的处所。

纵向

1. 介绍交易并获取佣金的中间商人。

2. 成语，排列成一长条的阵势。

3. 与世界银行并列的两大金融机构之一。

4. 梅艳芳的一首歌曲。

5. 经常用来做糖葫芦的一种果实。

6. 人类对月球进行的探测研究。

7. 改编自旅英日本作家石黑一雄同名小说的一部电影。

8.《西游记》中孙悟空的师傅。

9. 成语，比喻无限远的地方或远得无影无踪。

10.《射雕英雄传》中南帝出家后的法号。

11.《黄河船夫曲》的另一个名字中提到的黄河共有多少道弯。

12. 中国国有大型商业银行之一。

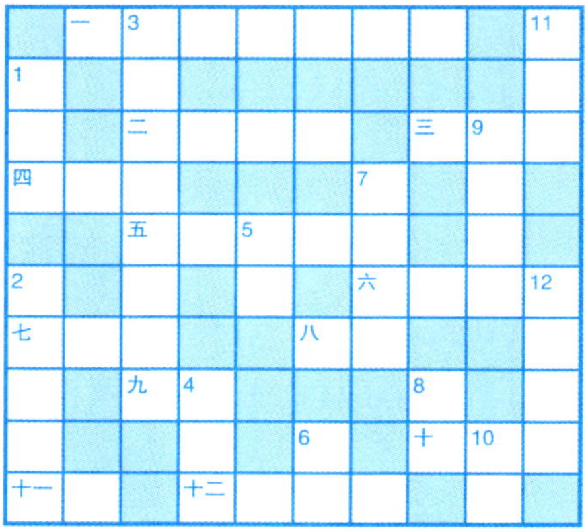

第二章答案

1.

李					华	生		日	
白	日	依	山	尽		日	记	本	
	出						金		
	东	方	之	珠			华		告
猪	方	向		宝	葫	芦	的	秘	密
八		盘	古		芦		双		
戒			天		丝		龙		五
背	景	音	乐				洞	庭	湖
媳		乐			美				四
妇		家	有	儿	女		地	中	海

2.

植	物	大	战	僵	尸			冯	
		人				郎		绍	
		帝		珠	穆	朗	玛	峰	
联	合	国			桂		莎		女
		反	恐	精	英		拉	肚	子
荒		击		武			蒂		十
地	道	战		门				牛	二
	德		电		驴	皮	影		乐
极	品	飞	车			皮			坊
	质		兽	人	加	鲁	鲁		

3.

	人			海		糯	米		故
舟	行	碧	波	上			卢	浮	宫
	道			升	降	椅			博
		鞍		明			三		物
	床	前	明	月	光		国	务	院
玉		马					演		
皇	太	后		封	神	演	义		海
大			打		笔				阔
帝		淘	气	包	马	小	跳		天
			简		良		高	乐	高

4.

蒲			儿		高	桥	留	美	子
松	下	问	童	子			取		弹
龄			文		甄	子	丹		头
	好	好	学	习			心		
		雨		惯			照	相	机
陶	行	知		成	吉	思	汗		器
		时		自			青		人
清	明	节		然		初			总
	日					中	岳		动
	歌	声	与	微	笑		飞	行	员

5.

阿			夏	伏	兽		乞		大
里		哆		地		自	讨	苦	吃
巴	啦	啦	小	魔	仙				一
巴		美			人	来	鸟	不	惊
和	服		悠	悠	球		的		
四				然			天	禁	渔
十	字	路	口				堂		夫
大			袋	鼠		礼		打	的
盗			妖			拜			故
	摄	魂	怪		春	天	的	故	事

6.

红	豆	生	南	国		万		少	
		化		家		径		年	
跑		危		主	持	人		魔	
跑	步	机		席		踪		法	
卡						灭	绝	师	太
丁	丁	历	险	记					阳
车		险				禽			系
		小	数	点		流	沙	河	
街		恐		读	后	感		南	
霸	王	龙		机				省	会

7.

唐		宁	夏	回	族	自	治	区	
宋						行			
八	仙	过	海		汽	车	总	动	员
大			带	鱼					
家	乐	福		翅		补	课		淘
	山		防				程	咬	金
	大		火	车	时	刻	表		记
	佛	跳	墙		空			少	
		跳			隧			先	
口	香	糖		铁	道	游	击	队	

8.

大		田		如		昆			
象	形	字		来		虫	虫	帝	国
		格	列	佛	游	记		国	
作	业	本		祖				大	连
	精				中	心	大	厦	
	于	荣	光						新
	勤		明	月	何	时	照	我	还
开	荒		顶		润		明		珠
	于	丹			东		弹		格
	嬉								格

9.

黄	果	树	大	瀑	布		神		鸡
		袋			达	芬	奇	画	蛋
北	极	熊			拉		宝		
	品		大	明	宫		贝	多	芬
	飞			天					
列	车	长		会	当	凌	绝	顶	
		白		更					
五	台	山		好	大	一	棵	树	
	湾				宅				松
孤	岛	惊	魂		门	前	大	桥	下

11.

	义	勇	军	进	行	曲			关
		敢					公	孙	胜
		者				纯		悟	
黄		的	卢	马		净	化	空	气
豆		游		自	来	水			象
黄	梅	戏		达			电	视	台
	雨		探		千			网	
	季		照		手	机	贴	膜	
	节	能	灯		观				
					音	乐	风	云	榜

10.

行	云	流	水		土	行	孙		青
		金					悟		面
	一	岁	一	枯	荣		天	女	兽
春		月			国			儿	
江					府		张	国	立
花		李	宇	春		风			
月			宙			华			
夜	郎	自	大			绝	代	双	骄
	永		帝	国	时	代		龙	
	淳						班	会	课

12.

大				一	百	单	八	将	
大	事	铺	张		事		宝		
泡			家		可		粥		超
泡		可	口	可	乐			留	级
糖	精			可					战
				西	班	牙	斗	牛	士
出	没	风	波	里			鸡		
	完		斯				眼	镜	蛇
	没		猫	哭	耗	子		泊	
	了						西	湖	

13.

九		小	兵	张	嘎		播		
月				牙			音	乐	家
初		太		舞	蹈	演	员		
九	阴	白	骨	爪		员			寒
		金				表	情	符	号
智	多	星	吴	用					鸟
	特			户	口	本		张	
	软			名		草	上	飞	
小	件	寄	存			纲			
	站			三	代	目	火	影	

14.

南	海			张			尊		
	洋			家	庭	教	师		三
	动	物	世	界			守	夜	人
	物		界				纪		行
			末	代	皇	帝			必
夜	以	继	日		太		心		有
	色			消	极	心	理		我
	列	宁					咨		师
		财	神	客	栈		询		
巨	灵	神		栈		康	师	傅	

15.

	马	拉	松						义
			下	一	个	天	亮		务
			问			下			献
六	一	儿	童	节		第	一	滴	血
			子			一		水	
一	指	禅		玉	门	关		观	
	环				外			音	响
	王	宝	强		汉	武	帝		尾
啤		莲				则			蛇
酒	精	灯		恐	惊	天	上	人	

16.

郭	达		一	枝	红	杏	出	墙	来
	尔					花		头	
	文	房	四	宝		村		草	
		祖		马			肯		魁
不	可	名	状		罗		尼		地
	乐				纳	尼	亚	传	奇
小	鸡	快	跑		尔			奇	
	翅		马	拉	多	纳		世	
		花	圈				世	界	杯
			地	球	仪				

17.

狼	牙	山	五	壮	士		春		
		东					天	王	星
渤		半	导	体		收		羲	
海	南	岛		温		音	乐	之	声
	郭			计	算	机			控
	先		留						开
人	生	格	言		天	下	第	一	关
		林		李		载		路	
		童	话	大	王			顺	
普	通	话		钊		电	吹	风	

19.

蒋		宋	祖	英		黑	白	电	视
大			冲					子	
为	中	华	之	崛	起	而	读	书	
	南				跑		万		
	海	南	岛		线		卷		
	保						书	法	家
	镖	行	天	下				拉	
利			下		释		犀	利	哥
钻			足	球	小	将			斯
魔	力	神	球		龙		欧	若	拉

18.

		项	羽		上	海	世	博	会
	一		毛				界		
两	个	铁	球	同	时	着	地		忆
	都			一			图	们	江
三	不	沾		首					南
	能			歌	唱	祖	国		
	少	林	寺				旗		长
汉		海		薰			班		江
钟		雪		衣	帽	架			七
离	离	原	上	草		空	军	一	号

20.

美		小						秘	密
人	民	英	雄	纪	念	碑			西
鱼		雄		念			鲁	西	西
		雨		白	龙	马			比
周	恩	来		求		小	马	过	河
	格			恩		帅		故	
	斯	巴	鲁					人	
井		基		号		高	老	庄	
冈	底	斯	山	脉			顽		
山		坦				儿	童	手	机

21.

阮		白	杨	树		螺		天	
小			排			丝	绸	之	路
二	月	春	风	似	剪	刀		骄	
		风			刀			子	
东	方	不	败		石	家	庄		
		度		拳	头				武
南		玉			布		中		当
天	安	门		大			华	山	派
门		关	云	长			达		
				今	夜	无	人	入	眠

22.

博	士	伦			赵		包	租	婆
		敦	煌	莫	高	窟			说
巴				小			保		婆
金	喜	善		贝	克	汉	姆		有
	马				莱		狗	不	理
	拉	斯	维	加	斯		的		
	雅				勒		阴		
泰	山	石	敢	当		阴	谋	诡	计
		破							算
	飞	天	忍	者	猫		离	合	器

23.

	千		袭					脉	动
	万	紫	千	红	总	是	春		画
	次		仞				去	痛	片
	的				爆	米	花		
一	问	三	不	知			还		千
		个		了		你	在	哪	里
无		火							马
声		枪	王	之	王		红		
手	拉	手			宝	莲	灯	前	传
枪			张	国	强		记		

24.

		迎	客	松		忽			
	台			花		闻	一	多	
春	风	又	绿	江	南	岸		伦	
			巨			上		多	
英	国	达	人			踏			
		摩		风		歌	唱	祖	国
		祖	冲	之		声		母	
美	发	师		谷	雨		鸭	绿	江
	财				花				
小	树	精		黄	石	国	家	公	园

25.

北	京	大	学		冰	露			数
		明		同		从	头	再	来
鄱	阳	湖		桌		今			宝
	光			的		夜	来	香	
	总	想	对	你	表	白		港	口
	在		联					脚	
	风				王	铁	成		
好	雨	知	时	节		血		阿	
	后		光			战		凡	
			机	动	战	士	高	达	

26.

大		鲁		峨		火		喜	
黄	海	冰		眉		眼		之	
蜂		花	果	山		金	蛇	郎	君
			然			睛			看
飞	天		多	动	症				一
	马						银	杏	叶
飞	流	直	下	三	千	尺			舟
	星		里		与			助	
猴	拳		巴		千	千	静	听	
		超	人		寻			器	

27.

	举		回				猪		
一	头	灵	魂	出	窍	的	猪		
	望		夜				快	活	林
	明				自		跑		暗
明	月	何	时	照	我	还			草
		仙			陶			吃	惊
拇	指	姑	娘		醉	八	仙		风
	甲			赛		仙		淘	
老	油	条		亚		过	桥	米	线
			老	人	与	海		网	

28.

劝	君	更	进	一	杯	酒			东
	子					干	将	莫	邪
人	之	初		绵		倘			
	交		挂	羊	头	卖	狗	肉	
	淡	定		音		无		包	
	如						甄	子	丹
大	水	冲	了	龙	王	庙		打	
		锋		争			打	狗	棒
聊		陷		虎		公			棒
天	门	阵		斗	地	主		干	冰

29.

邱		少		军			俯	卧	撑
少		壮		机	器	猫			杆
云	深	不	知	处		的			僵
		努				报	纸	僵	尸
弹	跳	力		吴	承	恩		尸	
	跳							新	
	虎	胆	龙	威			娘	娘	腔
	历			尼	古	丁			
	险			斯		香	水	百	合
	记	忆	力			花			肥

31.

风	火	轮		驱		大		大	
	烧			虫	虫	大	作	战	
	云	南	白	药		卷		外	
			日					星	
蒙	古		依		生	当	作	人	杰
	井	冈	山						克
	贡		尽		冲	出	亚	马	逊
	酒	窝		战				头	
		窝	里	斗		电	子	琴	
摄	像	头		机					

30.

风	吹	草	低	见	牛	羊		吊	
	牛		碳			毛	利	兰	
	大		生	肖		出			辩
	王		活			在			论
	历				羊	羊	运	动	会
历	险	小	恐	龙		身		物	
	记			与		上		总	统
蓝		山		地	球			动	
采	菊	东	篱	下		辅	导	员	
和		省		城	管		游		

32.

	春	天	在	哪	里		隐	身	衣
		空			奥			在	
妈	妈	的	话		梅		说	曹	操
		遇			西			营	
黄		难	民	营			宫	心	计
海	盗	船		长		小		在	
	梦					白	金	汉	宫
	空	中	的	幽	灵	船			锁
	间		士		隐				心
			高		寺		林	黛	玉

33.

			冰				小	红	帽
	洪		火	云	邪	神		果	
澎	湖	列	岛			奇	异	果	
	赤					宝			深
	卫	星	电	视		贝	加	尔	湖
	队		子				菲		巨
			邮		波	斯	猫		兽
	集	装	箱			琴		老	
		甲				高	速	公	路
消	防	车		蒋	雯	丽			

34.

大						南			阿
笑	问	客	从	何	处	来			柏
江				当		北	海	巨	妖
湖	南	省		共		往			
	海			剪	纸		好	日	子
	观			西				本	
八	音	盒		窗	边	的	小	豆	豆
		子		烛			马		
漫	画	世	界		海		过	山	车
		界		亚	马	孙	河		模

35.

蓬	莱	阁			传			又	
		老	残	游	记		小	红	帽
千				标		派		又	
卡	萨	布	兰	卡		出		专	家
	日			尺	有	所	短		电
婀	娜	多	姿		情				清
		特			饮	水	机	清	洗
螃		软	文		水		会		
蟹	八	件			饱		平	一	指
步		站	台	票			等		甲

36.

风	往	北	吹		马		留	洋	
		京			文			葱	岭
一		大	马	士	革	刀		专	
成	功	学				子	弹	列	车
不			节	能	水	嘴			次
变	色	龙		效		与	妻	书	
		与		比		金			传
	魁	地	奇			凤	凰	传	奇
邵		下		凤	求	凰			世
兵	临	城	下		职		张	家	界

37.

艳		紫				远		林	
阳		光		新	东	方	外	语	
天	一	阁				的		堂	客
	朵		新	龙	门	客	栈		户
	小			飘		人		深	
雪	花	那	个	飘		请	君	入	瓮
					读	你		虎	
啤	酒	花		铁		留		穴	居
		仙	人	掌		下			
	墨	子		帮		来	电	显	示

38.

		鲁	冰	花		萧	墙	之	祸
灰			山		新		里		
太	行	山	上		郑	少	秋		百
狼			的				千	机	变
	快		来	电	防	火	墙		星
不	速	之	客				外		君
	消				大		道		
不	费	吹	灰	之	力			五	
	品		指		神	行	太	保	
		美	甲		杯		原		

39.

	美	国	职	业	篮	球	赛		九
经		际							十
纪		货	币	政	策		小	九	九
人	民	币				伯		霄	
		基	督	山	伯	爵		云	
一		金		楂		夫	人	外	交
字	幕	组			兵	人			通
长		织	女				唐		银
蛇			人		探		僧	一	行
阵	风		花	前	月	下		灯	

第三章
奇妙科学实验

1. 冲向圆珠笔的纸蛇

实验用品

1张A4纸、1支圆珠笔、1个金属盒盖、1把剪刀

双手动起来

◎将A4纸剪成一个螺旋的蛇状，并把它放在准备好的金属盒盖上，让纸蛇的头向上。

◎将准备好的圆珠笔在皮毛上摩擦一会儿，然后将它靠近纸蛇的头部。

◎此时我们会发现，纸蛇会乖乖地向圆珠笔冲过去，好像要咬住圆珠笔一样。

大脑转转转

为什么纸蛇在遇到摩擦后的圆珠笔时会向上冲呢?

当圆珠笔和皮毛摩擦后就会产生静电，因而能吸引不带电荷的纸蛇。当纸蛇和圆珠笔接触后，自身会带上少许电荷，而它身上的电荷又会传导到金属盒盖上，这样纸蛇就失去了电荷，又会重新被圆珠笔吸引。

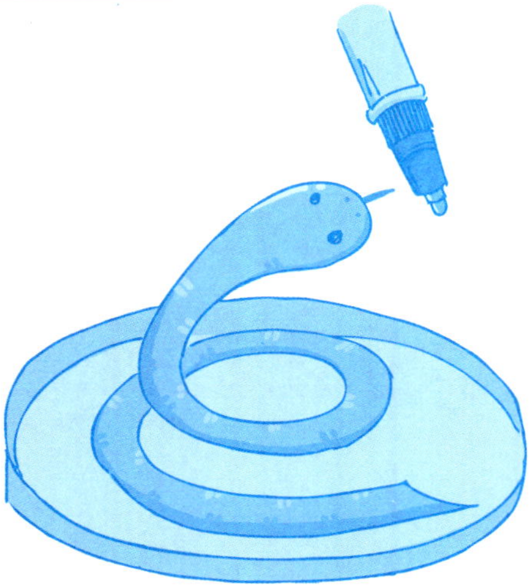

2.会转动的铅笔

实验用品

1支圆形铅笔、1支六角形铅笔、1块磁铁、1把小刀

双手动起来

◎将圆形铅笔的笔尖用小刀削出来备用。

◎将六角形铅笔放在桌面上，然后将圆形铅笔放在它的上面，并让它们保持平衡。

◎将磁铁靠近圆形铅笔的笔尖，当我们移动磁铁的时候，就会看到铅笔转动起来了。

想一想

在地上平放着一根棍子，为什么人都跨不过去?

答案：因为棍子放在墙角。

大脑转转转

为什么当我们移动磁铁的时候，铅笔就会转动起来呢?

这主要是因为铅笔芯中的石墨被磁铁吸引后，就会让铅笔芯中原来凌乱排列的石墨按照一定的次序重新排列。虽然这时磁性非常弱小，但还是会被磁铁吸引。这样铅笔就在磁铁的作用下转动起来了。

3. 用气球将书抬起来

实验用品

一两本书、气球

双手动起来

◎将气球平放到桌子上。

◎将书放到气球上面，此时注意不要用书将气球的嘴儿压住，嘴儿要露到外边。

◎对着气球嘴儿吹气，此时我们就会看到书被气球抬起来了。

大脑转转转

为什么向气球内吹气就能将书抬起来呢?

当我们向气球内吹气的时候，气球就会鼓起来，进而就会将书抬起来。

4. 不会溢出来的水

实验用品

若干回形针、水杯、水

双手动起来

◎将水杯中倒满水。

◎将倒满水的水杯放在桌子上，然后将回形针一个一个地放进水杯。

◎随着水中回形针数量的增多，水杯中的水鼓了起来，但是并没有溢出来。

大脑转转转

为什么水杯中的水不会溢出来呢？

我们总是感觉，当我们将回形针放进水杯的时候，水会溢出杯子。而事实并非如此，这主要是因为水的表面具有很强的张力，所以当我们将回形针放进水杯的时候，水面只是鼓了起来，并没有溢出来。

想一想

什么动物天天熬夜？

答案：熊猫，因为它有黑眼圈。

5. 回形针的舞蹈

实验用品

1块磁铁、1个回形针、1把剪刀

双手动起来

◎我们先将回形针平放在桌面上，然后将磁铁放在回形针的上方。此时你会发现，回形针紧紧和磁铁粘在了一起，并没有出现优美的舞蹈。

◎我们将回形针平放在剪刀上，然后让磁铁靠近回形针的一端。此时你会发现，当磁铁移动的时候，回形针也会随着磁铁的移动而跳出优美的舞蹈。

大脑转转转

为什么回形针在磁铁和剪刀之间会跳出优美的舞蹈呢？

这主要是因为磁场让回形针在剪刀和磁铁之间，成了一位“舞蹈家”。磁铁和剪刀之间有磁场，磁铁和回形针之间也有磁场，而剪刀和磁铁之间的磁场比较大。当磁铁移动的时候，回形针就会在剪刀和磁铁之间的磁场作用下来回移动，从而跳出优美的舞蹈。

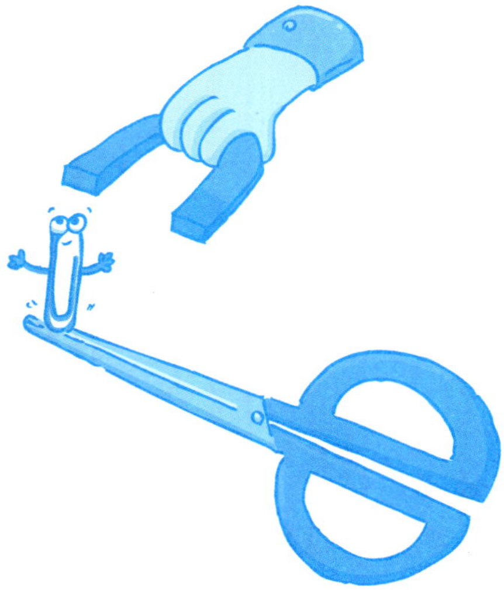

6.用纸盘做成的降落伞

实验用品

1块橡皮泥、细线、2个一次性纸盘、剪刀、锥子、胶布

双手动起来

◎在一次性纸盘上用锥子分别在不同位置锥出4个小孔。

◎用剪刀剪4条长短相同的细线，并把4条细线分别固定在4个小孔上。

◎把绑好的4条细线的一端用胶布粘到一起，在粘好的细线下端固定上橡皮泥，这样降落伞就做好了。

◎把做好的降落伞扔向空中，它就会慢慢降落下来。

想一想

世界上最洁净的"球"是什么球?

答案：卫生球。

大脑转转转

为什么降落伞会慢慢降落下来呢?

因为物体在降落的时候，不仅会受到地球引力的作用，还会受到空气阻力的作用。在上述实验中，降落伞在降落的过程中，一次性纸盘的下面会聚集大量空气，当这些空气受到纸盘外部空气的挤压时，就会给降落伞一个向上的力，进而把降落伞拖住，从而让降落伞慢慢降落。

7. “大肚子”樱桃

实验用品

1颗红樱桃、水杯、水

双手动起来

◎将水杯中装入半杯水。

◎将准备好的红樱桃放入水中，一天后我们来观察结果。

◎在一天后，我们发现，红樱桃的“肚子”被撑破了。

大脑转转转

为什么红樱桃的“肚子”会被撑破呢?

这主要是因为渗透现象造成的。渗透是一种液体在人的眼睛看不到的空隙中相互融入的现象。这个现象同植物的根部吸水是相同的道理，而在我们做的这个小实验中，水分子通过樱桃表面的空隙渗入果肉中，与此同时，樱桃内部的糖分汁液却不能通过空隙渗出来，于是当水分子进到果肉中的时候，内部的糖分会被稀释掉，这样就会增加细胞内部的压力，最终导致樱桃被撑破。

8.生熟鸡蛋的区分法

实验用品

1枚生鸡蛋、1枚熟鸡蛋

双手动起来

◎将2枚鸡蛋放在桌子上，然后转动鸡蛋。

◎用手指按住鸡蛋，施加压力，让鸡蛋转动的速度慢下来。

◎在鸡蛋即将停止的瞬间，立刻松开手，然后观察哪枚鸡蛋还在转动，其中继续转动的就是生鸡蛋，停止转动的就是熟鸡蛋。

想一想

人们会在一个地方自讨苦吃，是哪里呢?

答案：药店。

大脑转转转

为什么生鸡蛋转动的时间会比较长?

熟鸡蛋内部的蛋白和蛋黄是固体状态，我们用手按住减慢它的速度，而在即将停止的时候把手松开，它就会慢慢停下来。而生鸡蛋内部的蛋清和蛋黄并不是固态的，用手给它施加压力的时候，只是让它的外部暂时停止了转动，而内部的蛋清和蛋黄由于惯性还在继续运动，这就导致在我们把手松开之后它还会继续转动。

9. 变胖的鸡蛋

实验用品

1个玻璃杯、醋、1枚生鸡蛋

双手动起来

◎将生鸡蛋放进杯子中，然后将醋倒入杯子中。

◎然后我们会看到，鸡蛋表面有很多的气泡冒出来。

◎放置3天的时间，我们再观察它的变化。

◎3天后，我们会发现，鸡蛋坚硬的外壳没有了，而它的体积也比原来大了很多。

大脑转转转

为什么被醋浸泡过之后，鸡蛋会变胖呢?

在实验中，鸡蛋坚硬的外壳之所以消失，是因为蛋壳中的碳酸钙和醋发生了反应，生成了二氧化碳，也就是实验中冒出的气泡。鸡蛋之所以变胖是因为渗透压造成的。当两种物质浓度不相同的时候，浓度低的液体就会向浓度高的液体流动，这样就产生了渗透压。鸡蛋薄膜内部的浓度较高，醋的浓度较低，此时醋中的水分就会通过鸡蛋薄膜渗入鸡蛋内部，从而让鸡蛋的体积增大，所以看起来就像是鸡蛋变胖了一样。

10. 会变身的红茶

实验用品

1杯红茶、1个鲜柠檬、1把水果刀

双手动起来

◎用水果刀切一片柠檬。

◎将柠檬汁挤入盛有红茶的杯子中，注意观察。

◎此时我们会发现，当柠檬汁滴入红茶中的时候，红茶的颜色慢慢变淡了，直到最后会变成无色的。

大脑转转转

为什么当柠檬汁滴入红茶中后，红茶会变成无色的呢？

这是因为红茶中含有色素，而正是色素让红茶显现出了琥珀色。当柠檬汁滴入红茶中后，红茶中的色素就会和柠檬汁中的柠檬酸发生化学反应，生成一种可溶性的物质，所以红茶才会变成无色的。

想一想

什么军最厉害?

答案：冠军。

11.调制“鸡尾酒”

实验用品

1个透明的玻璃杯，等量的糖浆、浓盐水、威士忌、麻油、食用油

双手动起来

◎将准备好的液体按照糖浆、浓盐水、威士忌、麻油和食用油的顺序，沿着玻璃杯的内壁缓缓倒入杯中，轻轻摇晃。

◎过一会儿，我们会发现，5种液体不仅没有混合在一起，而且还有顺序地排列在了玻璃杯中，从下到上依次是糖浆、浓盐水、威士忌、麻油、食用油。

大脑转转转

为什么5种液体会形成5种不同的分层呢？

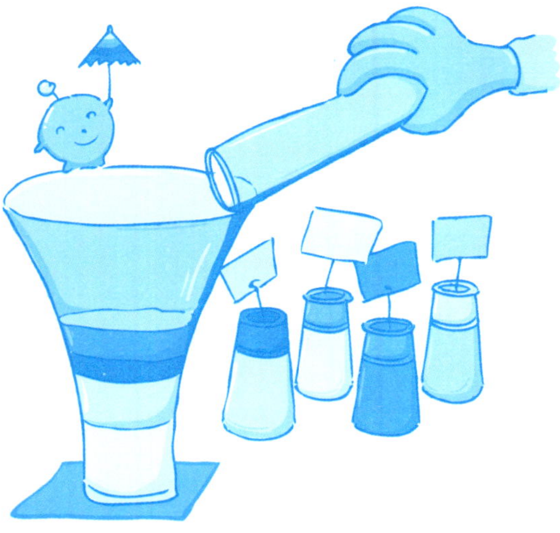

这主要是因为不同的液体密度是不同的。我们依次将液体倒入杯中，密度最大的液体会沉在最下面，而密度最小的液体则会浮在最上面。在5种液体中，糖浆的密度是最大的，而食用油的密度是最小的，所以就会出现5种不同的分层，就好像是一杯鸡尾酒。

12. 会变色的面粉

实验用品

面粉、碘酒、开水、凉水、滴管、盘子、1双筷子、碗

双手动起来

◎向碗中倒入适量面粉。

◎在面粉中加入适量的凉水，搅拌均匀，然后再加一点儿开水，搅拌均匀，然后和好面。

◎等到和好的面团冷却后，取一小块儿，放在盘子中。

◎用吸管抽取适量碘酒，滴在面团上，此时我们会发现面团神奇地变成了蓝色。

想一想

大象的左耳朵像什么?

答案：大象的右耳朵。

大脑转转转

为什么面团在遇到碘酒之后会变蓝呢?

我们都知道面粉中含有大量的淀粉，当碘酒滴在面粉上时，就会和淀粉发生化学反应，生成一种化合物，而这种物质会将蓝色的可见光反射出去，所以我们就会看到面团变成了蓝色。

13. 如何将盐和胡椒粉分开

实验用品

塑料小勺、一件毛衣、半勺盐、半勺胡椒粉

双手动起来

◎将盐和胡椒粉混合在一起。

◎将塑料小勺在毛衣上稍微摩擦几下，然后将小勺靠近混合物，注意不要将小勺放得过低。

◎此时我们就会看到胡椒粉被吸附到了小勺上。需要注意的是，如果小勺放得特别低，那么盐也会被吸起来的。

大脑转转转

为什么摩擦后的小勺能够吸附起胡椒粉呢?

我们知道，当塑料小勺和毛衣摩擦后会带上一些电荷，而胡椒粉又比盐轻，所以当带有电荷的小勺靠近时，胡椒粉就被吸起来了。如果我们想要将盐也吸起来，那么就要将小勺放得距离混合物更近一点儿。

14. 会自动剥皮的香蕉

实验用品

1根香蕉、1个小口的玻璃瓶、毛巾、热水、漏斗

双手动起来

◎将香蕉的一端剥开一个口，露出香蕉的一个尖端。

◎将漏斗放到玻璃瓶的瓶口，然后将热水通过漏斗倒入瓶中（注意不要烫到自己，可以找父母帮忙操作），并用毛巾包裹住瓶子，轻微晃动几下，然后将热水倒掉。

◎随后立刻将一端剥好的香蕉放在瓶口，让香蕉成为一个密不透风的瓶塞。这样过一会儿我们就会发现，香蕉的皮自动剥掉了。

想一想

地球上什么地方人口出生率最高？

答案：产房。

大脑转转转

为什么倒过热水的瓶子能将香蕉的皮剥掉呢？

当我们将热水倒入瓶中的时候，瓶内的空气受热膨胀，气压增大，一部分空气会被挤压出瓶子。这时我们又用香蕉当瓶塞，堵住了空气流通的渠道。然后，瓶内的空气会慢慢冷却，从而使瓶内的气压低于外界的气压，所以外界的大气压就会将香蕉向瓶子内部挤压，于是香蕉的皮就被剥下来了。

15. 冰糖也能发光

实验用品

透明塑料袋、冰糖、细绳、擀面杖、桌子

双手动起来

◎将准备好的冰糖放进透明塑料袋中，然后用细绳将塑料袋扎紧。

◎将装冰糖的塑料袋放到桌子上。

◎将屋内的光线调暗，然后用擀面杖来回擀装有冰糖的塑料袋。此时我们会发现，冰糖在擀面杖的帮助下，发出了光芒。

大脑转转转

为什么用擀面杖擀冰糖的时候，冰糖会发光呢？

这主要是因为晶体在相互摩擦的时候会发光。在实验中，用擀面杖擀冰糖晶体时，冰糖就会破碎，此时就会释放出一些比较活跃的分子，而这些分子在摩擦时就会发光，所以看起来就好像是冰糖在发光一样。

16. 倒不出来的醋

实验用品

1个酒瓶、油、醋

双手动起来

◎向准备好的酒瓶中先倒入半瓶醋。

◎然后倒入半瓶油，此时我们会发现，瓶子中的醋和油分成了上下两层。

◎将瓶子倒过来，并尝试将醋倒出酒瓶。

◎此时我们会发现，醋很难从瓶子中倒出来。

大脑转转转

为什么醋很难从瓶子中倒出来呢?

当我们将醋和油倒入瓶子的时候就会发现，油漂浮在醋的上面，这主要是因为当两种液体的体积相同的时候，密度较小的液体会漂浮在密度较大的液体上面，所以此时油就会将瓶口堵住，醋自然就倒不出来了。

想一想

小明的爸爸牙齿非常好，可是他经常去口腔医院，为什么?

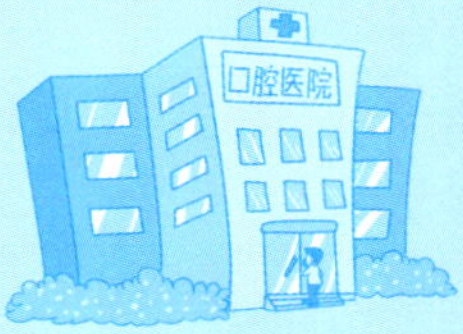

答案：因为他是牙科医生。

17. 葡萄干的舞蹈

实验用品

1个玻璃杯、1瓶碳酸饮料、葡萄干

双手动起来

◎将碳酸饮料打开，向玻璃杯中倒入半杯。

◎将准备好的葡萄干放进碳酸饮料中，此时我们会发现，葡萄干在上下浮动，就好像在跳舞一样。仔细观察还会发现，向上漂浮的葡萄干要比向下沉的葡萄干的表面附着的气泡多。

大脑转转转

为什么将葡萄干放进碳酸饮料中会上下浮动呢?

这主要是因为碳酸饮料中的气泡能很容易地附着在物体表面。当我们将葡萄干放进碳酸饮料中时，气泡就会附着在葡萄干的表面。当它的表面附着了足够多的气泡时，就会漂浮到水面上；当它上升到水面后，气泡就会破裂，此时因为自身的重力，它就会向下沉。在它下降的过程中，又会附着上气泡，这样就会重复上面的过程，所以我们就会看到葡萄干上下浮动了。

18. 神奇的水果抹布

实验用品

苹果、水果刀、沾满油污的盘子

双手动起来

◎用水果刀将新鲜的苹果切成片。

◎然后用苹果片在油腻的盘子上抹一抹。

◎此时我们会发现，盘子上的油污被擦掉了。

大脑转转转

为什么用新鲜的苹果片擦盘子就能将油污去掉呢？

这主要是因为苹果中含有果酸，尤其是新鲜的苹果。用刚切好的苹果片擦盘子的时候，果酸就会和盘子上的油污发生化学反应，从而生成溶于水的物质，这样盘子上的油污就被去掉了。

想一想

比大力士能举起的重量要轻得多，大力士却举不起，那是什么？

答案：大力士自己。

19. 吸不出来的水

实验用品

1瓶水、吸管、橡皮泥

双手动起来

◎将吸管插进水瓶中。

◎然后用橡皮泥将瓶口密封严实，不要漏气。

◎当把瓶口密封严实之后，用力吸水，此时我们会发现，水并不能被吸出来。

大脑转转转

为什么用橡皮泥将瓶口密封之后，水就不能被吸出来呢？

我们平时用吸管喝饮料时，首先吸上来的是瓶内的空气，这样就会让瓶内的气压降低，瓶内的饮料受到外部大气压的作用，就会被吸出来。在实验中，橡皮泥将瓶口密封了，外界的空气不能进入瓶中，这样大气压就无法起作用了，所以水就不能被吸出来了。

20.弯曲的自来水

实验用品

1个流水的水龙头、面巾纸、吸管

双手动起来

◎将水龙头流出来的水调整为一股细流。

◎用面巾纸多次摩擦吸管。

◎将吸管靠近水龙头。

◎此时我们会发现，水流会沿着吸管流动。

大脑转转转

为什么水流会沿着摩擦后的吸管流动呢？

当吸管被面巾纸摩擦之后，就会带上大量的电荷，所以当吸管靠近水流的时候，就会将自己所带的电荷传到水流上，这样水流就会沿着吸管流动，就像是发生了弯曲一样。

想一想

汽车在行驶时，哪一个轮胎不动？

答案：备用胎。

21. “跳舞”的米粒

实验用品

1根橡皮筋、塑料碗、保鲜膜、勺子、铁锅、米粒

双手动起来

◎将保鲜膜用橡皮筋紧绷到塑料碗上。

◎将米粒放在保鲜膜上，然后将塑料碗放到铁锅里。

◎一手拿着铁锅，一手拿着勺子，用力敲击铁锅的内侧，此时我们就会发现随着我们敲击铁锅的节奏，米粒在保鲜膜上跳起了“舞蹈”。

大脑转转转

为什么保鲜膜上的米粒会“跳舞”呢?

在实验中，当我们拿着勺子敲击铁锅内侧的时候，铁锅就会震动起来，而它周围的空气也会随之震动起来，当空气震动的声波撞击到碗上的时候，就会带动保鲜膜震动，所以米粒就会跳起来，看上去就像在有节奏地“跳舞”一样。

22. 会“变脸”的苹果

实验用品

1个苹果、1把水果刀、食盐、碗、水、筷子、盘子

双手动起来

◎将苹果用水果刀去掉皮，然后分成4等份。

◎在碗中加入适量食盐，然后倒入水，用筷子搅拌均匀。

◎将两块苹果放进盐水中浸泡，5分钟后取出，然后在盘子中再放5分钟。

◎另外两块苹果放在盘子中，不做任何处理。

◎过一会儿我们会发现，没有浸泡过盐水的苹果表面逐渐变成了褐色，而被盐水浸泡过的苹果依然还是原来的颜色。

想一想

什么东西像大象一样大，但毫无重量？

答案：大象的影子。

大脑转转转

为什么盘子中没有浸泡过盐水的苹果会改变颜色呢？

这主要是因为当我们将苹果皮去掉之后，苹果里面含有的氧化酶等物质促使果肉被氧化、变色，于是苹果表面变成了褐色。当我们将苹果放在盐水中浸泡后，盐水就会减缓这些反应的发生，使苹果保持原来的颜色。

23. 不会迷路的小蚂蚁

实验用品

1窝蚂蚁、面包屑

双手动起来

◎找到一窝蚂蚁，注意不要伤到它们，在距离它们前进的方向2米远的地方撒上面包屑。

◎注意观察小蚂蚁。

◎一段时间之后，我们会惊讶地发现，蚂蚁不但找到了面包屑，还将它们成功地搬回到窝里。

大脑转转转

为什么小蚂蚁能够这样准确地找到回家的路呢?

原来小蚂蚁是根据气味来寻找回家的路的。它们会在自己爬过的路上留下气味，然后利用这些气味就可以寻找到回家的路。

24. “屏气”高手

实验用品

1只蚱蜢、1盆水

双手动起来

◎将蚱蜢的头部浸在水盆中，我们观察会发现，无论时间有多长，蚱蜢都没有任何反应。

◎我们将蚱蜢的尾部浸在水盆中，几分钟后，我们会发现蚱蜢还是没有任何反应。

◎将整个蚱蜢浸泡在水盆中，没过多长时间，我们会发现蚱蜢在盆中用力挣扎，而当我们将它从水中拿出来以后，没过多长时间它就能恢复正常。

想一想

黑、白相间的马是斑马，那黑、白、红相间的是什么马？

答案：害羞的斑马。

大脑转转转

为什么将蚱蜢的头和尾分别浸泡在水中的时候，它没有任何反应呢？

原来，蚱蜢呼吸用的气孔在它的腹部，只要我们不把它的腹部浸泡在水中，它就能长时间停留在水中，可真是一位“屏气”高手呀！

25. 动物气象员

实验用品

1只小乌龟、鱼缸

双手动起来

◎将小乌龟放在鱼缸中。

◎每天观察乌龟壳的干湿程度，并将当天的天气记录下来。

◎过一段时间，我们会发现，当乌龟壳表面变湿的时候，没过多长时间就会下雨。

大脑转转转

为什么乌龟壳的干湿能够预示天气变化呢？

这主要是因为动物对天气的变化比较敏感，而具有这项特异功能的不仅仅有乌龟，像青蛙、燕子、马、蛇等动物，也能很好地预示天气的变化。

26.警觉的兔子

实验用品

兔子

双手动起来

◎我们将兔子放在一个安静的地方，此时我们躲在一个角落里，不要让它们看到。

◎我们在地上轻轻划动几下，就会看到兔子立刻将自己的耳朵竖起来了，并会向你躲藏的方向看过来。

◎如果你把声音弄得大一点儿，你会发现兔子一下子就被吓跑了。

大脑转转转

兔子为什么会那么机敏呢？

这是因为它们那双灵敏的大耳朵。在它们的耳朵中有很多血管，当耳朵周围的空气流动时，它们温暖的血液就会降温，这样它们就能很机敏地感觉到周围的声音了。

想一想

龟兔赛跑总是乌龟赢，兔子与乌龟比哪一个项目，才能赢了乌龟？

答案：仰卧起坐。

27.爱吃沙子的小鸡

实验用品

葵花子、沙子、1个玻璃杯、1个塑料袋、水

双手动起来

◎将葵花子去掉壳，然后放入盛有水的玻璃杯中浸泡30分钟左右。

◎将沙子放进塑料袋中，然后将浸泡后的葵花子放进塑料袋中。

◎用力揉搓盛有沙子的塑料袋，然后让沙子和葵花子充分摩擦。

◎我们将塑料袋打开会发现，塑料袋中的葵花子已经破碎了。

大脑转转转

为什么小鸡那么喜欢吃沙子呢?

小鸡喜欢吃沙子的原理和上面小实验中葵花子被沙子磨碎是一样的。小鸡没有牙齿，它们吃进去的食物会直接进入消化器官内，而这些食物又很难消化，所以小鸡会吃一些沙子到胃中，这样通过胃的蠕动，沙子就能将食物磨碎，于是小鸡就能将食物消化和吸收了。

28.金鱼的反应

实验用品

2条小金鱼、2个鱼缸、1个红色小盘、1个黄色小盘、1根木棒、鱼食

双手动起来

◎我们将2条金鱼分别放进2个鱼缸中。

◎在一个鱼缸中放入红色小盘来盛鱼食。

◎在另一个鱼缸中放入黄色小盘来盛鱼食，而且每当金鱼游过来吃鱼食时，就用小木棒将其赶走。

◎几天后我们会发现，在放有红色小盘的鱼缸中，每当金鱼看到红色小盘时，就会游过来吃食，不管这个盘子中有没有鱼食。而在放有黄色小盘的鱼缸中，每当金鱼看到黄色小盘时，就会焦躁不安。

大脑转转转

为什么金鱼对于同一种事物会有不同的表现呢？

这主要是因为金鱼的条件反射造成的。在实验中，喂金鱼的时候采用的不同方法就是对金鱼的一种训练，当这种训练时间较长的时候，就会形成一种条件反射。而在实验中，金鱼的表现就是一种条件反射。

想一想

一个人为什么能站在一枚鸡蛋上面？

答案：那是一枚已经孵了的鸡蛋。

29. 双色花

实验用品

红色钢笔水、蓝色钢笔水、2支玻璃试管、1朵带着花梗的白色花朵、1个杯子、1把刀子

双手动起来

◎用水稀释红色和蓝色钢笔水，然后分别装入2支玻璃试管中，将2支试管放入杯子中。

◎用刀子将准备好的花朵的花梗切开，分别插入2支试管中，之后等待几小时。

◎几小时后我们会观察到，花朵的花梗首先变了颜色，然后花朵也变了颜色，到最后花朵变成了一半蓝色，一半红色。

大脑转转转

为什么白色的花朵会出现两种不同的颜色呢?

在这个小实验中，我们应用了毛细作用的原理，也就是水分会随着植物的维管束传送到它的各个部分。当我们将花朵的花梗插入墨水中的时候，墨水就会随着植物的维管束将液体传送到花朵上，然后通过花朵表现出来，这样我们就看到了双色花。

30. 失去味觉的舌头

实验用品

1把水果刀、1个苹果、1个洋葱、1个梨、1块布

双手动起来

◎我们用水果刀将苹果、梨以及洋葱切成大小相等的块。

◎用准备好的布将眼睛蒙起来，并用一只手将鼻子捏住。

◎然后让小伙伴将切好的食物放到你舌头的中间部分，不要咀嚼，尝试用舌头分辨出它们是什么物质。

◎此时会发现，我们根本分辨不出它们是什么物质。

想一想

有一种东西“胆大心细”，你知道是什么吗？

答案：电灯泡。

大脑转转转

为什么我们用舌头的中间部分不能很好地区分物质呢？

在这个实验中，我们的视觉和嗅觉都被限制住了，只有味觉还是正常的，在舌头上，味觉最敏感的味蕾大多在舌尖上，而舌头的中间部分基本没有味觉功能。所以当我们按照实验中的方法去做的时候，用舌头的中间部分并不能很好地区分各种物质，就像是我们的舌头失去了味觉一样。

31. 有趣的指纹游戏

实验用品

1张白纸、1盒印泥、放大镜、铅笔、直尺

双手动起来

◎在白纸上，用直尺和铅笔画出一些方格子。

◎让我们的食指蘸上印泥，在方格中印下自己的指纹，并在下面写上自己的名字。

◎让小伙伴们也这样去做。

◎随后我们用放大镜观察，会发现所有的指纹都是不一样的。

大脑转转转

指纹中有着怎样的奥秘呢？

在这个世界上，每个人的指纹都是独一无二的，一些案件就是根据指纹破获的。虽然我们的指纹没有一模一样的，但是它大致可以分为弓形、斗形、左箕形和右箕形。

32.大家一起来“变脸”

实验用品

不锈钢勺子

双手动起来

◎用勺子的里面来照自己的脸，此时我们会发现，自己在勺子中的脸颠倒了过来。

◎再用勺子的外面来照自己的脸，此时我们会发现，自己的脸并没有颠倒过来，而是变大了。

大脑转转转

为什么会出现上面这样的情况呢？

这主要是因为光的反射造成的。勺子的表面并不是十分平滑，因而反射出的光线就和我们在镜子中看到的产生了差异。勺子的里面呈凹面，反射的光线正好将人的影像倒了过来。而勺子的外面呈凸面，所以就会照射出不一样大小的影像了。

想一想

什么人见到阳光就会消失得无影无踪？

答案：雪人。

33. 沾手的塑料袋

实验用品

1个脸盆、1个透明的塑料袋、水

双手动起来

◎向准备好的脸盆中倒入半盆水。

◎将透明塑料袋套在手上，慢慢伸进水里，此时要注意不要让水进入塑料袋中。

◎将手慢慢从水中拿出来，此时我们会发现，塑料袋紧紧沾在了手上，就好像手把它吸住了一样。

大脑转转转

为什么塑料袋会紧紧沾在手上呢?

这主要是因为脸盆中的水存在水压。当我们将手放进水中的时候，水压会将塑料袋中的空气挤压出来，此时塑料袋就会收缩，所以当我们将手从水中拿出来的时候，就会感觉到塑料袋沾在了手上。

34. 比赛叠罗汉

实验用品

2个一样大小的玻璃杯、水、1张薄纸

双手动起来

◎将2个杯子中都倒满水。

◎将纸放在一个杯子的杯口，按压结实，然后慢慢将这个杯子倒过来扣在另一个杯子上，并将两者对准。

◎然后我们将纸从杯子中间抽出来，此时会发现，杯子中的水竟然没有洒出来，而且杯子还稳稳地站立在桌子上。

大脑转转转

为什么将纸抽出来水不会流出杯子呢？

虽然2个杯子一样大小，但是不可能完全密封，然而水的表面具有张力，它能够将杯子之间留出的缝隙填满，再加上杯子外边的大气压要高于杯子内部的大气压，所以水是不会流出杯子的。

想一想

为什么小静与壮壮第一次见面就一口咬定壮壮是喝羊奶长大的？

答案：壮壮是一只羊。

35. 出汗的玻璃杯

实验用品

1根带有叶子的枝条、小玻璃杯、大玻璃杯、植物油、水

双手动起来

◎向小玻璃杯中放入适量的水，然后将枝条放进去，将其放到阳光充足的地方。

◎向小玻璃杯中滴入几滴植物油，然后将大玻璃杯罩在小玻璃杯上，过一会儿，我们会发现，大玻璃杯上出现了一层水雾，就好像是出汗了一样。

大脑转转转

为什么大玻璃杯上会出现一层水雾呢?

在实验中，植物油将水面封住了，水分在受到阳光照射的时候，不能顺畅地蒸发掉，此时只能通过植物的叶子蒸发出来。当阳光照射到玻璃上让里面的水分达到一定湿度的时候，蒸发的水分遇到玻璃杯的内壁就会形成一层水雾，就好像是杯子出汗了一样。

36. 针和线的舞蹈

实验用品

1块马蹄形的磁铁、1根针、1截长度为20厘米左右的棉线

双手动起来

◎将棉线一端穿过针孔，然后将其绑结实。

◎用磁铁的一端将针吸起来，注意不要让针粘到磁铁上。

◎将针和线拉到半空中，让针和线直立起来，这时只要我们转动磁铁就能让针和线跳舞了。此时我们要注意磁铁和针之间保持的距离不要太远，不然针就不能被磁铁吸引了。

想一想

蝎子和螃蟹玩猜拳，为什么它们猜了两天，还是分不出胜负呢？

答案：它们只会出剪刀。

大脑转转转

为什么磁铁没有挨到针也能让它跟随着磁铁移动呢？

这主要是因为磁铁的磁力能够穿透空气，在一定距离内产生作用，而与此同时，磁铁的磁力同针和线的重力平衡了，在这个力的作用下，针和线就能跳舞了。

37. 拥有魔力的镜子

实验用品

1个小闹钟、2面镜子

双手动起来

◎ 将我们准备好的小闹钟放在桌子上，然后再在小闹钟的前面放一面镜子，此时我们会发现镜子中是反着的小闹钟。

◎ 拿来我们准备好的第二面镜子，放在桌子上，和第一面镜子成直角放置，此时我们就会发现小闹钟在第二面镜子中居然是正的。

大脑转转转

为什么小闹钟在第二面镜子中是正的呢?

我们在现实生活中能够看到事物，主要是因为物体通过光线反射的光能够反射到我们的眼睛中，刺激我们的神经系统接收这些信息而造成的。我们能在第一面镜子中看到反着的小闹钟就是这个道理，而在第二面镜子中看到正着的小闹钟是因为我们让第二面镜子同第一面镜子组成了一个90°的角，经过这样的反射就能让小闹钟呈现正面的影像了。

38. 带孔的苍蝇拍

实验用品

1张硬纸板、剪刀、筷子、图钉

双手动起来

◎用剪刀在硬纸板上剪下一块与苍蝇拍大小一致的纸板。

◎按照苍蝇拍的样式，将筷子固定到硬纸板上，然后我们拿着这个苍蝇拍去打苍蝇，你会发现很难打到苍蝇。

◎随后，我们在做好的苍蝇拍上锥上一些小孔，当我们用带小孔的苍蝇拍打苍蝇时就会发现，带小孔的苍蝇拍要比没有小孔的苍蝇拍更容易打到苍蝇。

想一想

一只蚂蚁居然从成都爬到了南京，可能吗？

答案：可能。蚂蚁在地图上。

大脑转转转

为什么苍蝇拍必须有小孔呢？

这主要是因为在苍蝇身上有很多细毛，而这些细毛对周围空气的变化非常敏感。当我们用带小孔的苍蝇拍打苍蝇的时候，空气就会从小孔中流走，将苍蝇周围空气的变化强度减弱，这样苍蝇就不容易感觉到空气的变化了，也就容易打到苍蝇了。

39. 留住花香

实验用品

1个玻璃碗、小木棒、花瓣、磨砂玻璃瓶、酒精

双手动起来

◎到公园中捡一些掉落的花瓣，越多越好，注意不要捡已经干枯的花瓣。

◎将采集到的花瓣放到玻璃碗中，用小木棒将其捣碎。

◎将捣碎的花瓣放进磨砂玻璃瓶中，然后倒入适量酒精，并将瓶口密封好。

◎放置一周之后，将瓶子打开，我们就会闻到花的香味了。

大脑转转转

为什么酒精能够留住花的香味呢?

这主要是因为花瓣中含有香味的物质会溶解到酒精中。因为酒精具有挥发的特性，所以当我们打开瓶子后，花中含有香味的物质就会随着酒精的挥发而飘散到空气中，这样我们就可以闻到花的香味了。但是要注意，酒精是极易挥发的，因此我们要密封保存。

40. 不会生锈的铁钉

实验用品

3个玻璃杯、3枚铁钉、凉水、热水、食用油、磨砂纸、滴管、标签

双手动起来

◎用磨砂纸将3枚铁钉上容易生锈的物质去掉。

◎向其中2个玻璃杯中倒入凉水，另一个玻璃杯中倒入热水（注意不要烫到自己，可以找父母帮忙操作），并向热水中用滴管滴几滴食用油。

◎将其中一枚铁钉放入凉水杯中，记作1号杯；将另一枚铁钉表面涂上一些食用油，放进另一个凉水杯中，记作2号杯；将剩下的那枚铁钉放进热水中，记作3号杯。

◎过一段时间之后你会发现，只有1号杯中的铁钉生锈了，而另外2个杯子中的铁钉都没有生锈。

想一想

一辆车飞速前进，可这辆车的轮子却一点儿都没有动，怎么回事？

答案：这辆车是在开动的车上。

大脑转转转

为什么只有1号杯中的铁钉生锈了呢？

铁钉生锈，主要是因为水中的氧气和铁发生了氧化反应。涂有食用油的铁钉，食用油将铁钉和氧气隔断了，因此它不会生锈。在对水加热后，水中已经不含有氧分子了，而漂浮在水面上的油又防止氧气进入水中，所以热水中的铁钉也不会生锈。

41. 绿色的肥皂水

实验用品

紫甘蓝叶子、小木棒、2个玻璃杯、肥皂水、滴管

双手动起来

◎将紫甘蓝叶子在玻璃杯中用小木棒捣碎，直到捣出汁液。

◎将肥皂水倒入另一个玻璃杯中，用滴管抽取一些紫甘蓝汁液。

◎向肥皂水中滴几滴紫甘蓝汁液，此时我们仔细观察会发现，肥皂水慢慢变成了绿色。

大脑转转转

为什么肥皂水遇到紫甘蓝汁液就会变绿呢？

这主要是因为紫甘蓝汁液中含有一种不管是遇到酸还是遇到碱都能变颜色的物质，而这种物质在遇到酸的时候会变成红色，在遇到碱的时候就会变成绿色。而肥皂水正好是碱性的，所以当向肥皂水中滴入紫甘蓝汁液的时候就会变成绿色了。

42. 停在天花板上的气球

实验用品

气球、1块毛巾、细绳

双手动起来

◎ 将气球吹起来，并用细绳将口扎紧。

◎ 将吹起来的气球在毛巾上来回摩擦几下。

◎ 松开手，将气球送到天花板上，此时我们会发现，它们被天花板粘住了，几小时之后，气球依然没有掉下来。

大脑转转转

气球怎么会被天花板粘住呢？

这主要是因为用毛巾摩擦过的气球带上了负电荷，当它们同天花板接触后，就和天花板上的正电荷相互吸引，所以气球就好像被天花板粘住了一样。而当正负电荷达到平衡之后，气球就会掉下来。

想一想

一朵盛开在家里的花，却被关在笼子里。请问这是什么？

答案：电风扇。

43. 变化莫测的气球

实验用品

1个气球、1个空啤酒瓶、1盆热水、1盆凉水

双手动起来

◎我们先将气球吹起来，然后放掉气。

◎将放掉气的气球的吹气口套在啤酒瓶上。

◎先将啤酒瓶放在盛有热水的盆中（注意不要烫到自己，可以找父母帮忙操作），我们会看到气球慢慢鼓了起来。

◎然后将啤酒瓶放在盛有凉水的盆中，过一会儿，我们就会看到气球被吸进瓶子里了。

大脑转转转

气球为什么会变化莫测呢?

这主要是因为气球内外的压力不同。当我们把啤酒瓶放在热水盆中的时候，热水让瓶子内部的空气受热膨胀，进而把瓶内的空气推进气球内，这样气球就逐渐鼓了起来。而当我们把啤酒瓶放入凉水中的时候，瓶内的空气遇冷收缩，这样就把气球内部的空气吸回到了瓶内，气球就被吸进瓶子里了。

44. 变为磁铁的勺子

实验用品

1个小铁勺、回形针、磁铁

双手动起来

◎用磁铁在小铁勺上反复摩擦。

◎将摩擦后的小铁勺放到回形针上面，我们会发现回形针被小铁勺吸起来了。

◎如果将小铁勺在桌子一角用力敲击几下，再将它放到回形针上面，我们会发现小铁勺不能再将回形针吸起来了。

想一想

有种船从来没下过水，为什么还是船？

答案：宇宙飞船。

大脑转转转

为什么被磁铁摩擦后的小铁勺会将回形针吸起来呢？

小铁勺中含有的铁其实就是一个个小磁铁，只是这些磁铁在勺子中是凌乱分布的。当我们用磁铁摩擦小铁勺时，这些磁铁就会按照一定次序排列，这样就让它具有了磁性，所以就会将回形针吸起来。当我们将小铁勺在桌角用力敲击时，它内部排列有序的磁铁就会恢复到凌乱的状态，进而失去磁性。

45. “折断”的筷子

实验用品

1个透明的玻璃杯、1双筷子、水

双手动起来

◎在透明的玻璃杯中装满水。

◎将准备好的筷子斜放在水中，此时我们仔细观察筷子进入水中的部分，就会发现它被“折断”了。

大脑转转转

为什么进入水中的筷子会被“折断”呢?

这主要是因为水面上的那截筷子会通过光的反射直接进入我们的眼睛中，而这些光线并没有发生任何弯曲；而在水中的那截筷子，它的光线会通过水、杯子、空气三者之后射入我们的眼睛中，而这样的光线就发生了弯曲，我们将这种弯曲称作折射。正是折射的原因，让我们看到进入水中的筷子像被折断了一样。

46.吹不灭的蜡烛

实验用品

1张硬纸板、1把剪刀、蜡烛、胶布、火柴

> **想一想**
>
> 有8只兔子，每只兔子都说自己身后还有兔子。怎么回事?
>
> 
>
> 答案：因为8只兔子围成一圈。

双手动起来

◎将硬纸板剪成一个扇形，然后用胶布将其粘成一个漏斗状。

◎将蜡烛点燃，然后固定到桌子上。

◎我们手拿做好的漏斗，将大口径的中央对准蜡烛的火焰，用嘴对准漏斗的小口径用力吹。

◎此时我们会发现，不管怎么吹，蜡烛都不会被吹灭。

大脑转转转

为什么将纸做成漏斗形状就不能将蜡烛吹灭呢?

这主要是因为气流一般都会沿着物体的表面流动。当嘴对着漏斗吹气的时候，气体就会沿着漏斗喇叭形的内壁流动，此时漏斗中间部分的空气就会变得比较稀薄，所以中间的压力就会比较小，而蜡烛的火焰又恰好位于漏斗的中间部分，所以我们就不能将蜡烛吹灭了。

47. 原地踏步的乒乓球

实验用品

1个乒乓球、1盆水、1个茶壶、水

双手动起来

◎将乒乓球放进盛有水的盆子中，然后将茶壶灌满水。

◎手拿着茶壶，对准盆中的乒乓球浇水。

◎此时我们会看到，乒乓球在水柱的冲刷下，在盆子的水面上来回跳动，但是始终没有离开水柱。

◎随着盆子中水面的上升，乒乓球依旧在水柱中做原地踏步运动。

大脑转转转

为什么水柱中的乒乓球会做原地踏步运动呢?

水柱在流动的过程中，会同空气产生摩擦，这样就让水柱表面的流速减缓了。越靠近水柱的中心，水流越快，而水流较快的地方，气压也会降低，此时物体就会向气压比较低的地方移动，所以乒乓球就会一直停留在水柱中心了。

48. 会自动移动的杯子

实验用品

2支铅笔、1把直尺、2个玻璃杯、水

双手动起来

◎在平滑的桌面上，将铅笔交叉，然后将直尺放在交叉的铅笔上，方向与下面那支铅笔的方向相同。

◎向2个杯子中各倒入半杯水，然后把杯子放在直尺的两端，直到它平衡为止。

◎让上面的那支铅笔沿着直尺的方向移动，直到直尺的一端升起来为止。

◎将手伸进其中一个杯子中，但是不要碰到杯子。此时我们就会看到另一个杯子向这边“走”了过来。

想一想

小明家的彩电并没有质量问题，但播放的内容为什么是黑白的?

答案：因为当时播放的是黑白片。

大脑转转转

为什么当我们的手放进杯子中时，另一个杯子会向我们“走”来?

在实验中，当我们把手伸进杯子中时，手会挤占水的位置，从而让杯子的重量增加，这样重量较轻的杯子就会向着重量较重的杯子“走”来。

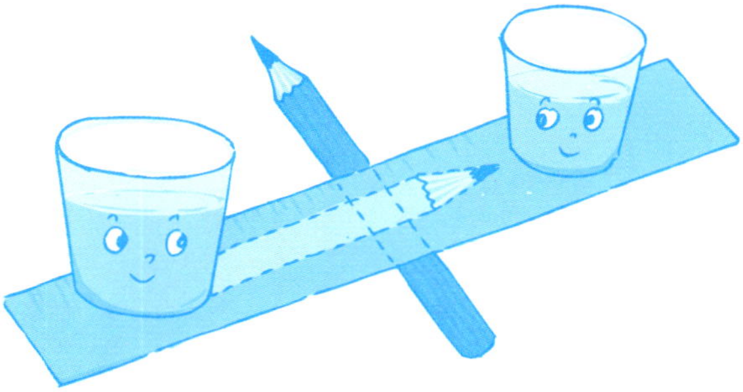

49. 不漏水的纱布

实验用品

1个矿泉水瓶、水、纱布、橡皮筋

双手动起来

◎将矿泉水瓶装满水。

◎用纱布罩住矿泉水瓶的瓶口，并将纱布绷紧，用橡皮筋扎好。

◎然后我们将矿泉水瓶倒过来。此时，我们会惊讶地发现，没有多少水能从纱布中流出来。

大脑转转转

为什么用纱布罩住瓶口，就没有多少水流出来呢?

这主要是由以下原因造成的：第一，空气中的压力能够顶住瓶子中水承受的重力；第二，瓶口绷紧的纱布增加了瓶中水表面的张力，而水表面的张力又能够将水包围在瓶子中。所以，瓶中的水很少能流出来。

第四章
数学智力游戏

1. 叠放次序

下图是用8张大小相同的正方形纸片依次叠放在桌面上形成的图形。如果最后放的一张正方形纸片的编号是4，请指出这些正方形纸片是如何叠放的，它们的叠放顺序是什么。

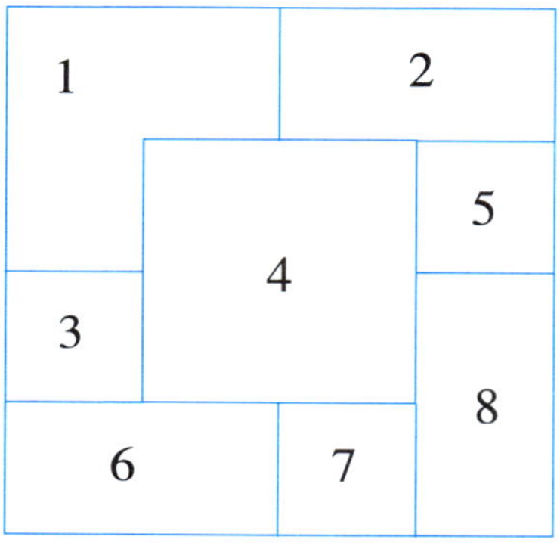

猜一猜

十天跑完长城。（打一成语）

答案：一日千里。

2. 智剪巧分

请将上下2个4×5格子纸各剪成4小块，形状不拘，但每小块中必须有3种不同的图形和2个数字，而且每2个数字相加要等于奇数。

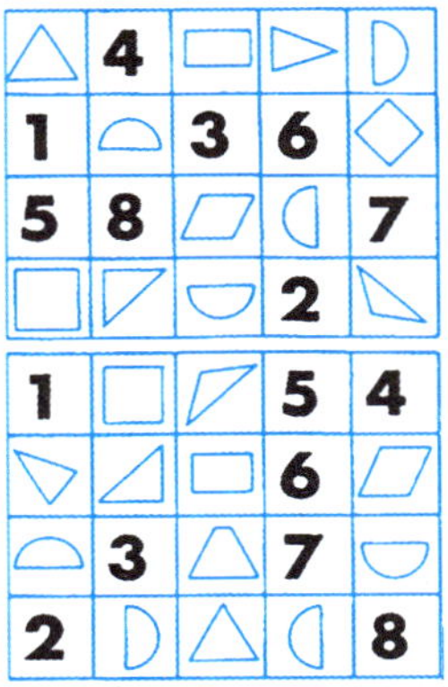

想一想

什么掌不能拍?

答案：仙人掌。

3. 心中有数

方框内缺少1个3×3正方形，而在方框周围有4个3×3正方形，请从这4个正方形中选择1个填入方框中的“？”处，使得形成的5×5正方形具有一定的规律。试试看，你能选出来吗?

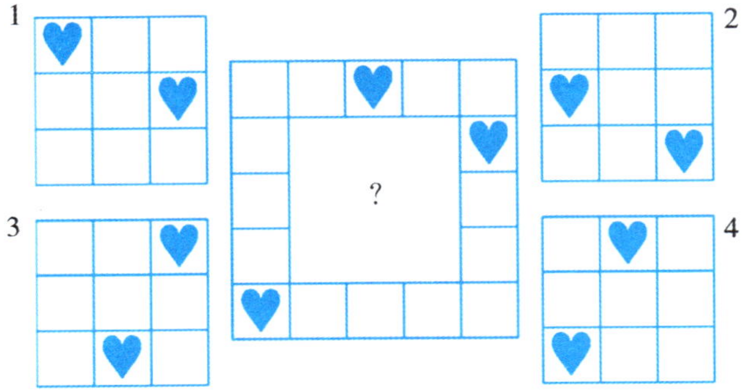

4. 纵横行走

请参照例题，从一个黑点走到另一个黑点，只能纵横行走，不能斜向行走。有黑色实心方格的格子不可经过，有十字方格的可以经过2次，其他格子必须经过1次。

【例题】

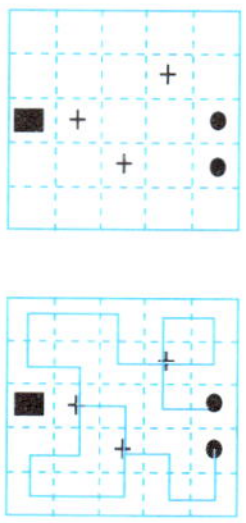

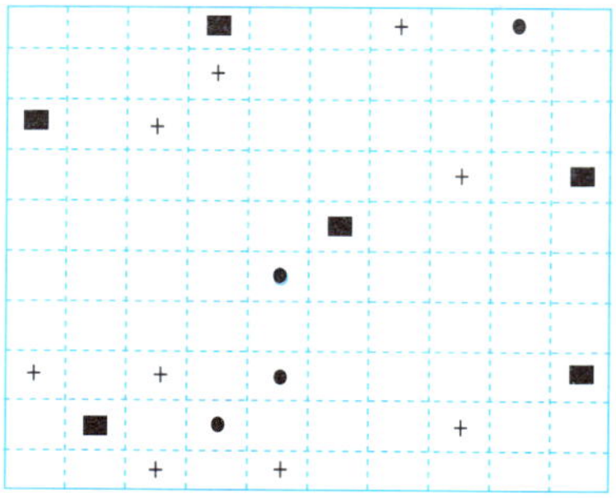

猜一猜

不顾中间。（打一成语）

答案：瞻前顾后。

5. 画航道

一艘快艇要从A港口开往B港口，途经航道中有3种不同种类的浮标，每种浮标分别代表一个数字（在图片中心处标明），快艇经过的浮标数值相加必须等于25。请你画出正确的航道。

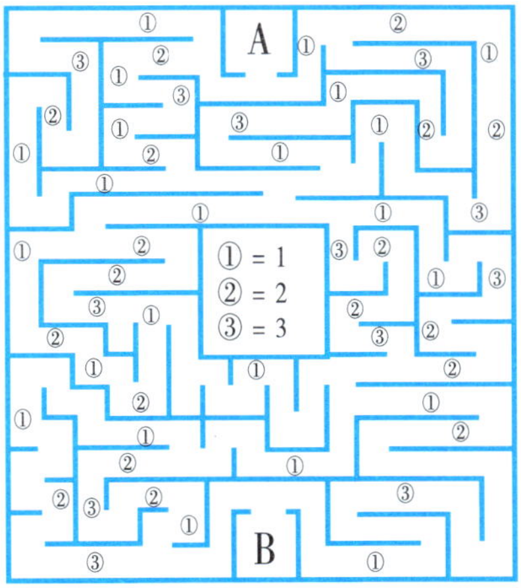

想一想

将一只鸡和一只鹅都放在冰天雪地的环境中，后来鸡冻死了，鹅却活着，为什么？

答案：鹅是企鹅。

6. 大厦里的玻璃

有一座镶嵌着彩色玻璃的特别美丽的大厦。如图1所示的8块玻璃，被镶到窗户上后变成了图2的形状。现在想重新改变一下样式，拼成一块长方形的玻璃。那么，在不划破玻璃的情况下，用这8块玻璃能否拼出长方形玻璃呢？

图1

图2

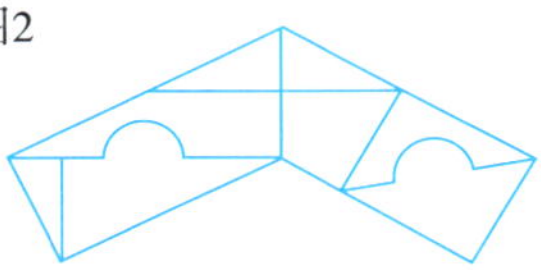

7. 巧连非实心圈

请你参照例题，将图中的非实心圈用封闭折线连接起来。要求折线不能触及实心圈，也不能交叉或重叠。

【例题】

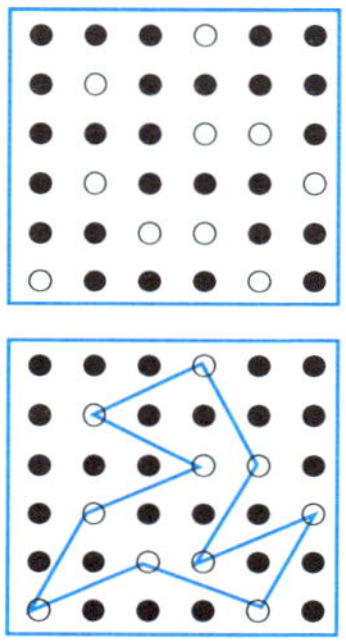

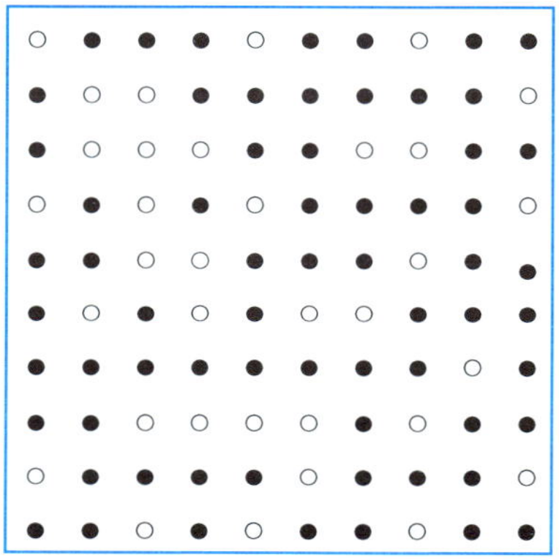

猜一猜

鹦鹉学舌。（打一成语）

答案：人云亦云。

8. 巡警的数量

入夜后，警方有必要对市区所有建筑物（下图的方块部分）的每一侧加以监控。每座建筑物均为大小相等的正方形。

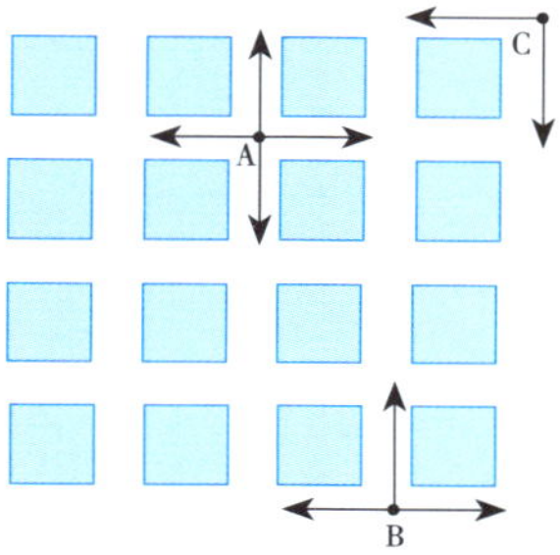

1个巡警所能监视同一方向的最远距离为1个方块的边长。例如，在A点的巡警只能监视周围4个方块中每1个方块的两侧边，位于B点的巡警只能监视到2个方块两侧边的位置，而位于C点的巡警只能看到1个方块的两侧边。

试问完全监视上面的4×4的区域最少需要多少位巡警？

想一想

人在不渴时也需要的水是什么水?

答案：薪水。

9. 双行数独

双行数独不像9×9的标准数独，它只有2行，总共只有18个小方格。请看下图所示：

8				5	9	7	4	1
	4	9	7	1				3

双行数独要求在每一行都出现1～9，还要求任意2个挨着的方格内不能有相邻的数字。如某格数字是7，那么在它的左格、右格及上（下）格就不准出现6或8。请你以此为标准，填完上表。

10. 画正方形

下图有2个大正方形，每个正方形上有1、2、3、4、5、6、7这7个数字。请你把大正方形去掉，然后各画3个相同大小的正方形，将原来大正方形中的数字用3个正方形完全隔开，并使这3个正方形内的各数之和相等。

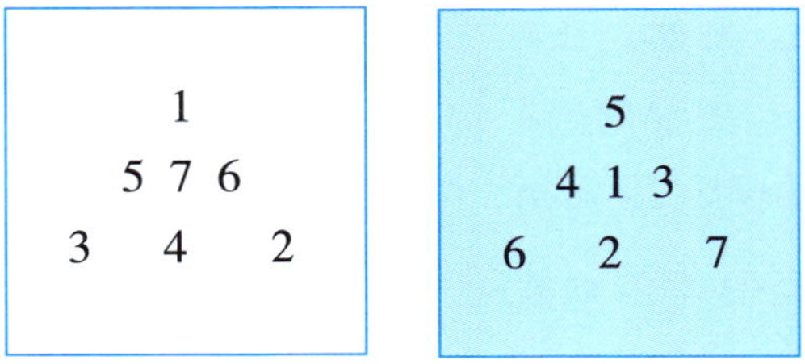

猜一猜

天生雅骨白玲珑，
能画能书点缀工。
毕竟卷舒难自主，
只缘身在热场中。
（打一物）

答案：扇子。

11. 对应的数

请在0～21中挑出20个不同的数填入空格内（部分数已填），使每个数与它横向、纵向或对角线所对应的数之和都得21。如“21”与它横向对应的数“0”的和为21；“1”与它对角对应的数“20”的和为21，依此类推。此外，还要保证正方形每条边的6个数之和都得63。试试看，你能填出来吗？

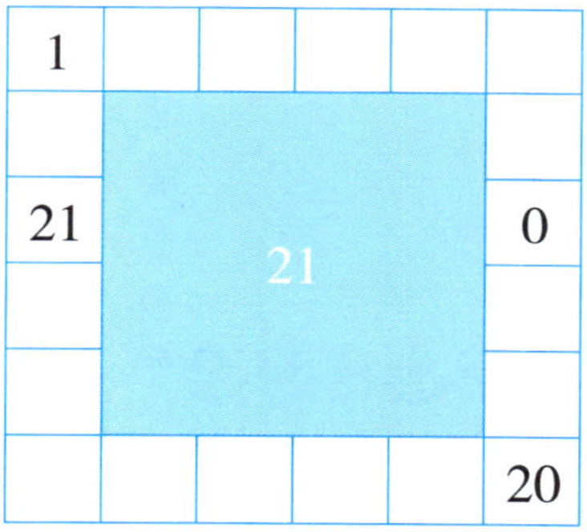

想一想

一个人一天吃了9头牛却还没吃饱，为什么？

答案：吃的是蜗牛。

12. 梅花填数

图中梅花有1个花蕊和5片花瓣，花蕊中心和花瓣上稍大的白圆圈上分别填有数字1～6。除去花蕊中已经填有的数字，请你将数字7～36分别填入其他25个小白圆圈中，使每一片花瓣上的6数之和均等于111。

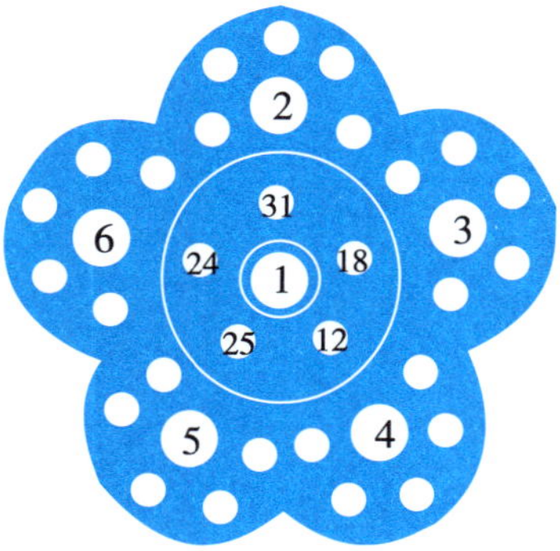

13. 数字移位

请把图中1～32的数移动到适当的位置，使相邻的两数之和均为平方数（如9、16、25等），想一想应怎样移动才行?

猜一猜

小小搬运工，常在花中忙，你若招惹它，它就刺一下。（打一动物）

答案：蜜蜂。

14. 和为18

把数字4～9填入下图中，使每条线上3个数之和都等于18。

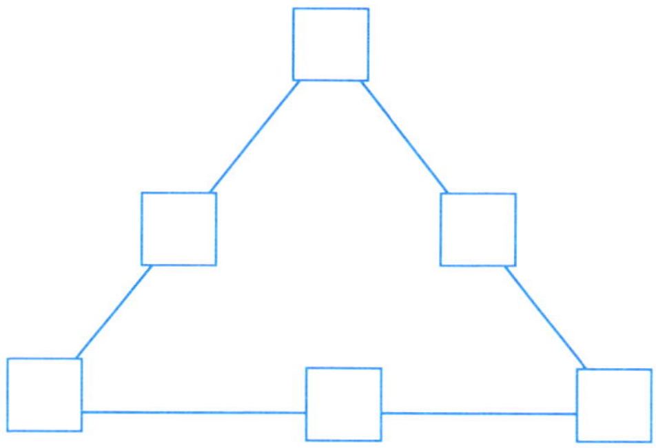

想一想

什么东西最容易满足？

答案：袜子。

15. 有趣的对称游戏

图中实心方块的区域不能填入，且图中有两条虚线，所有填入空格内的字母（A、B、C）必须对称于这两条虚线。你知道该怎么填吗？

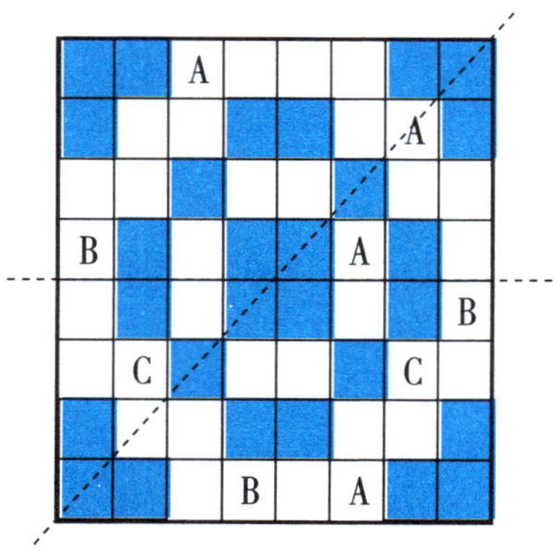

16. 填数游戏

下图中的大正方形中有4个小正方形，每个小正方形周边有6个圆圈。请将数1～13填入图中的圆圈内，使得每个小正方形周边6个圆圈内的数之和都相等。

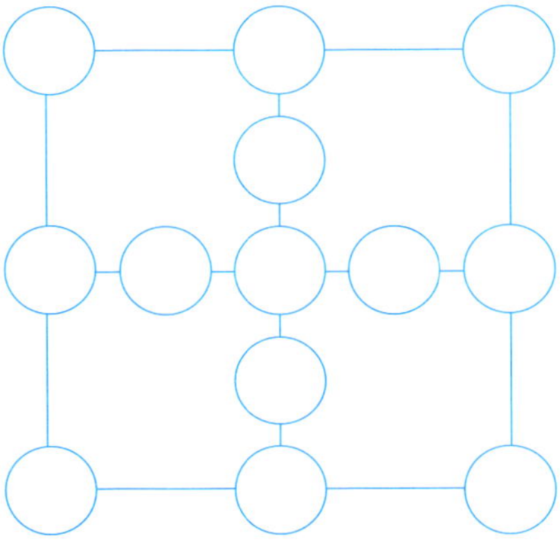

猜一猜

左边来，少围巾；
右边往，少拐棍。
（打一字）

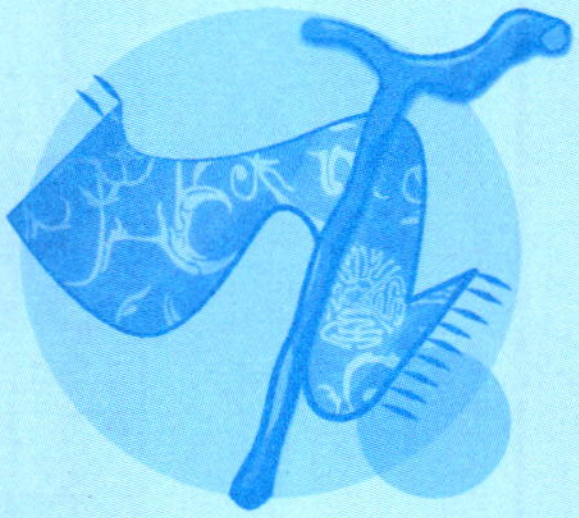

答案：林。

17. 巧填符号

请将数学符号“+”“-”“×”“÷”填入图中的圆圈之中，使每一行和每一列的数经过运算之后，可以得出同样的结果。

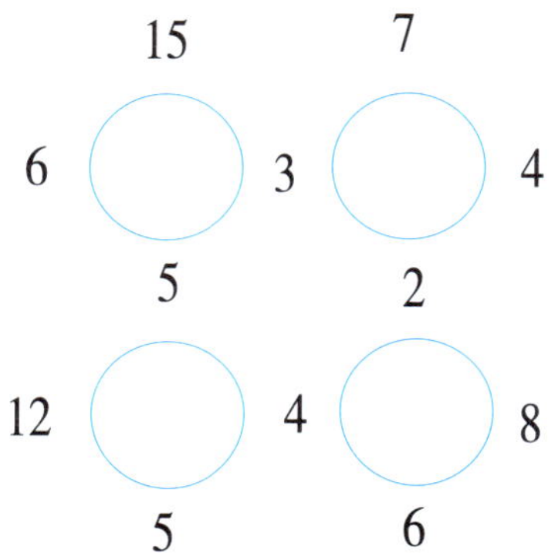

想一想

黑鸡厉害还是白鸡厉害，为什么？

答案：黑鸡。黑鸡会生白蛋，白鸡不会生黑蛋。

18. 结果等于100

用4根火柴来表示加减运算符号，然后把这4根火柴放到数字1～9中间去，使最终的计算结果等于100。注意1～9的顺序不能变。

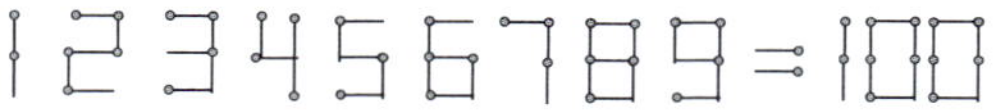

19. 火柴棍游戏

图中是9根火柴棍组成的3个三角形，请移动其中3根，使图中出现5个三角形。

猜一猜

一朵花开得大，藤儿细细，手里拿，没有叶来没有味，讲讲唱唱，声真大。（打一物）

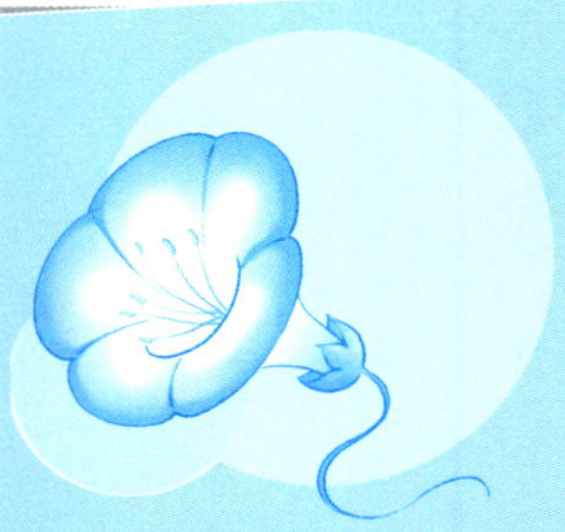

答案：扩音器。

20. 数字连环

将数字1～9分别填入图中圆圈内，使4条线上的3个数之和相等。

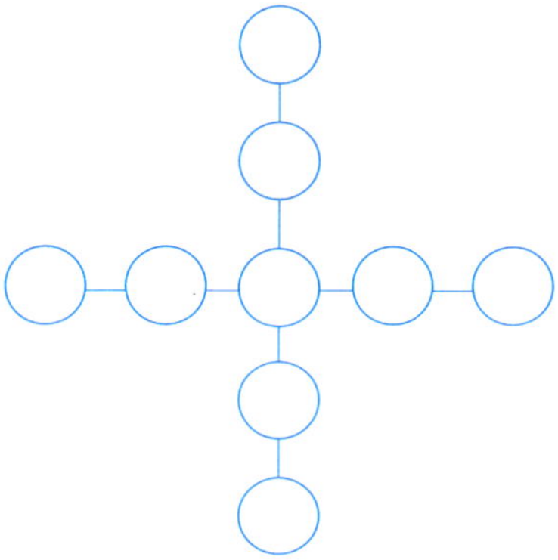

想一想

世界拳击冠军却很容易被什么击倒?

答案：瞌睡。

21. 神奇的六角星

把数1～12分别填入下图的空白圆圈中，使每条线上4个数之和为26。

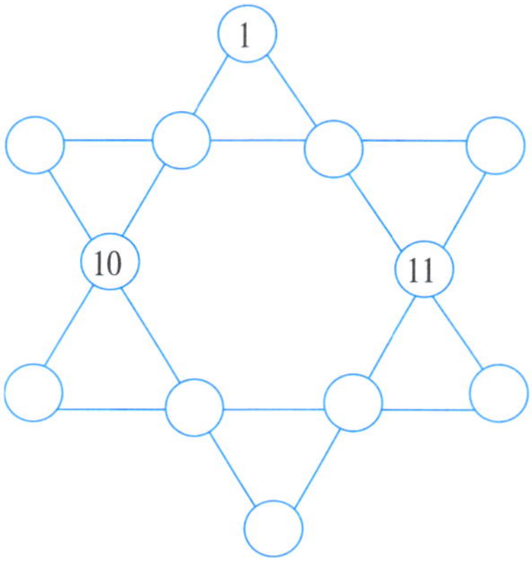

22. 超级轮盘

把数1～11填到这个超级轮盘图里，使每条线上3个数之和均为18。

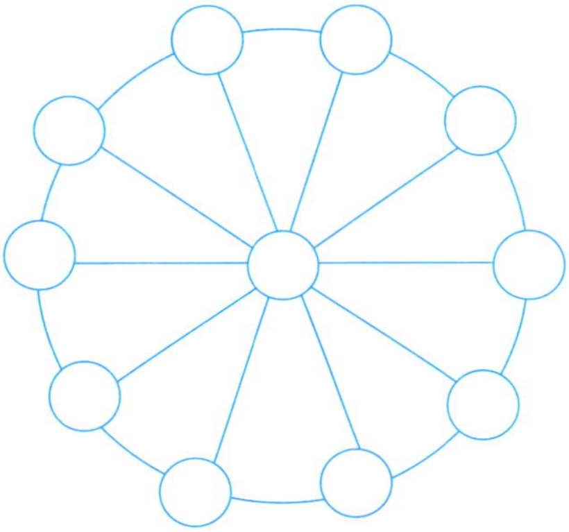

猜一猜

小麻绳，地里钻，
会翻土，不会断。
（打一动物）

答案：蚯蚓。

23. 填空格

下图共有16个格。在保证数学符号与数字相间排列的情况下，请你分别填入数字1～8，使得横、竖等式都成立。

	−		=	
÷				+
=				=
	×		=	

想一想

什么雨可以淋死人？

答案：枪林弹雨。

24. 填数游戏

请将17～28这12个数填入空白圆圈内，使每个圆上的4个数相加均等于80。

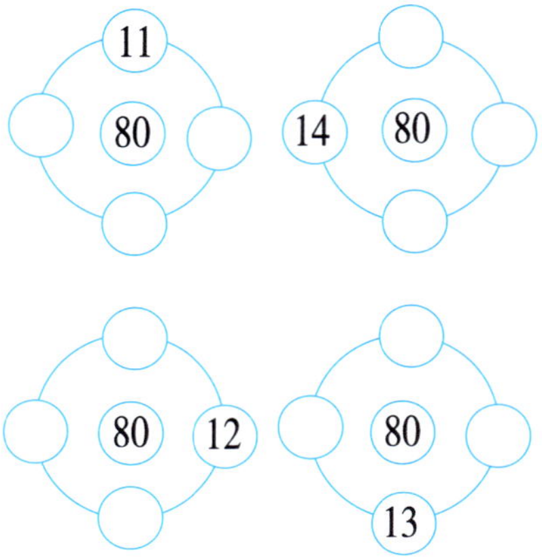

25. 数字五环

图中有5个圆，它们相交后共有9块区域，其中2块区域里已经填上10与6，请在另外7块区域里分别填入2、3、4、5、6、7、9，使每个圆内的数字之和都等于15。

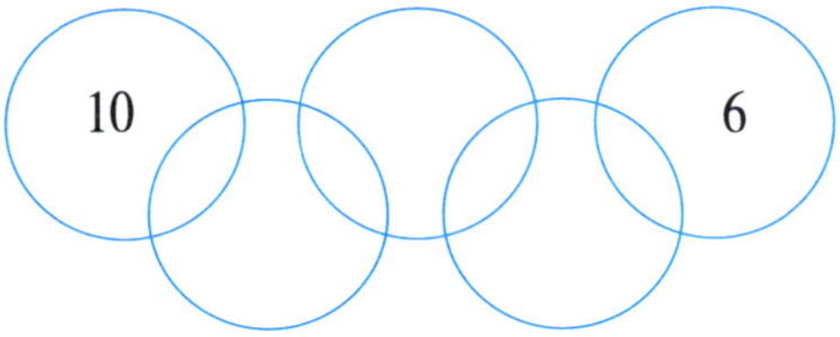

猜一猜

你看就像你，我看就像我，你我一起看，就像咱们俩。（打一物）

答案：镜子。

26. 分数等式方阵

在图中分别填入1/3、1/5、2/5、3/5和1/15、2/15、4/15、7/15、8/15，使每横行、每竖列、每斜行的3个分数之和都相等。

想一想

世界上最牢固的琴是什么琴?

答案：钢琴。

27. 数字连线

请将数字 1 ~ 8 填入下图中的小圆圈内，使每条直线连接的几个数字之和都相等。

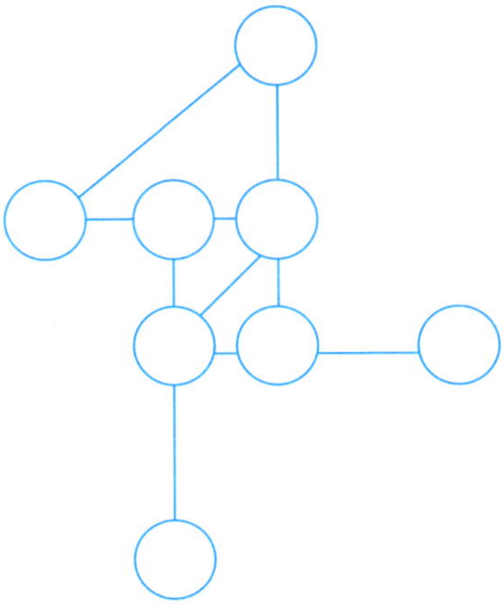

28. 数字摩天轮

在下图的每个圆圈内填入适当的质数（不得重复），使每条直线上3个数之和为偶数且相等。

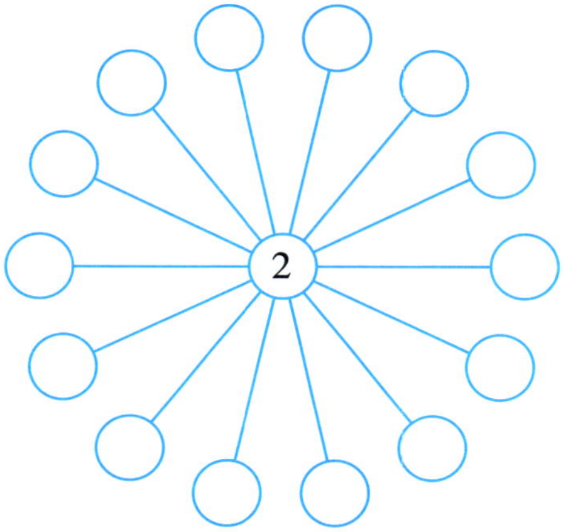

猜一猜

两条小铁轨，整齐铺成行，一辆小车轨上跑，两条铁轨变一条。（打一物）

答案：拉链。

29. 数字双环

把数1～12填入下图圆圈内，使每条直线上4个数之和相等，2个同心圆上的数之和也相等。

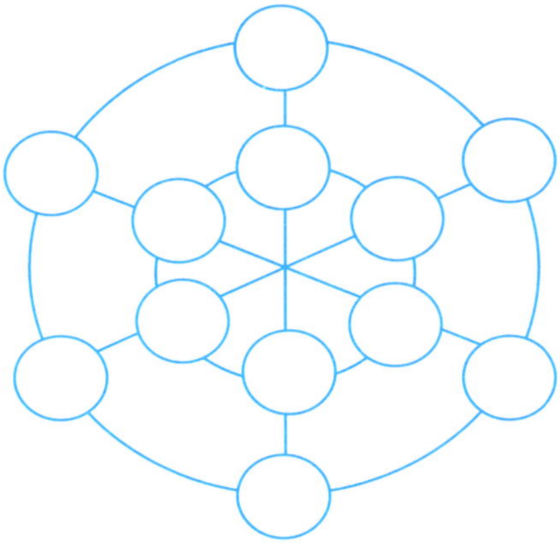

想一想

睡美人最怕什么？

答案：失眠。

30. 移火柴游戏

用24根火柴拼成一个3×3的正方形。如何在只移走8根火柴的情况下，剩下2个正方形？

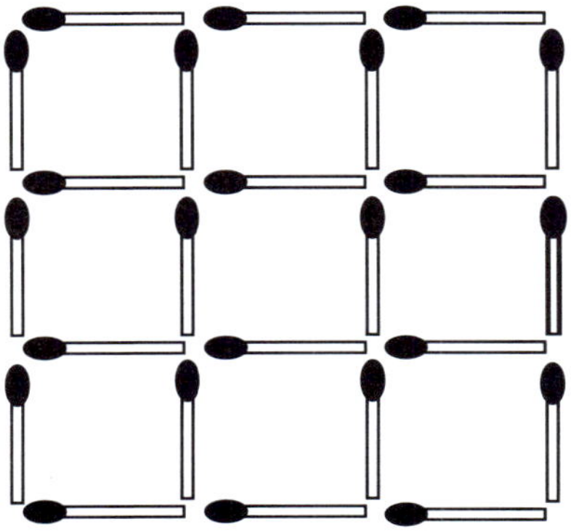

31. 6个变4个

有一个用火柴棍摆成的卡车（6个相同大小的正方形）。可以很简单地拿掉其中的2根火柴，使其变成5个正方形。但是，如果要在拿掉2根火柴变成5个正方形后，再拿掉另外2根火柴，使其成为4个正方形的话，应该先拿掉哪2根？

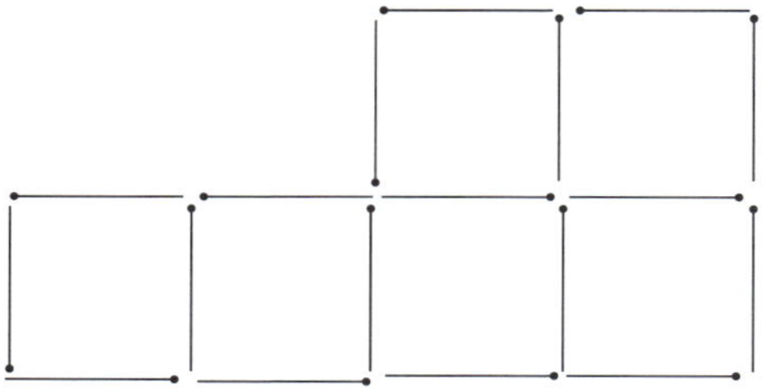

猜一猜

一个不出头，两个不出头，三个不出头，不是不出头，都是不出头。（打一字）

答案：森。

32. 巧拼十字

小明用36根火柴拼成了一个由13个小正方形组成的十字图案。请你拿走4根，去掉5个正方形，而十字形状不变。你会吗？

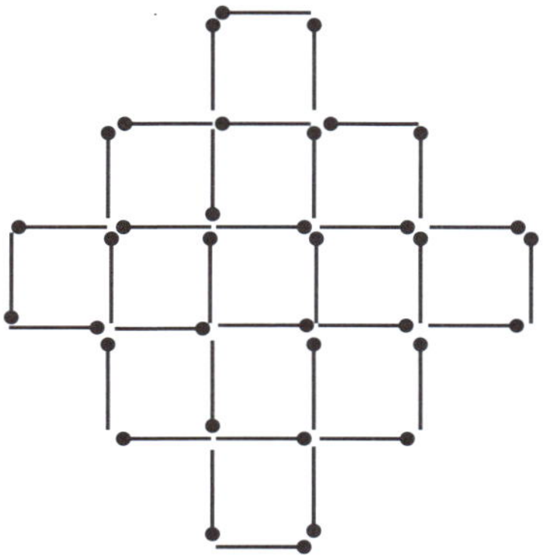

想一想

小明正在吹电扇，为什么还是满头大汗？

答案：他在吹电扇，电扇没有吹他。

33. 最合适的画框

下图是某家具工厂在制作画框时出现的一个问题。有一个正方形的大画框。现在，有一张正好可以镶嵌到阴影处的小图和一张面积是这张小图的4倍的正方形图。想把这个画框切割开，做成2个分别能放进这2张图的画框。请问，怎样切割合适？

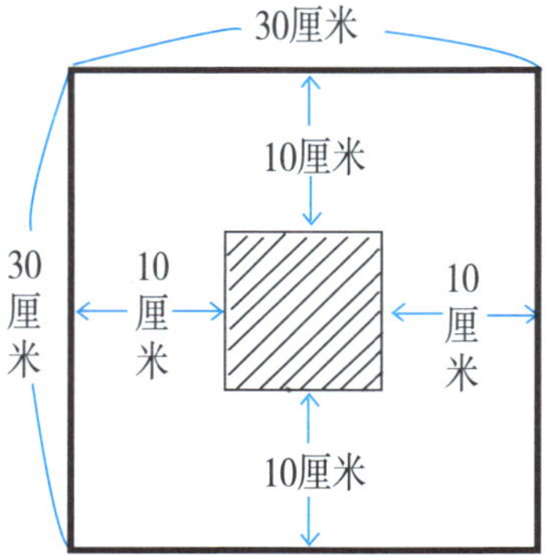

34. 瓢虫问题

这是一个比较著名的排列问题。21只瓢虫要分配一个7×7的花床，每一行只能有3只瓢虫，而且相邻2行中最多只有1对瓢虫同列，你能为它们找到分配方案吗？

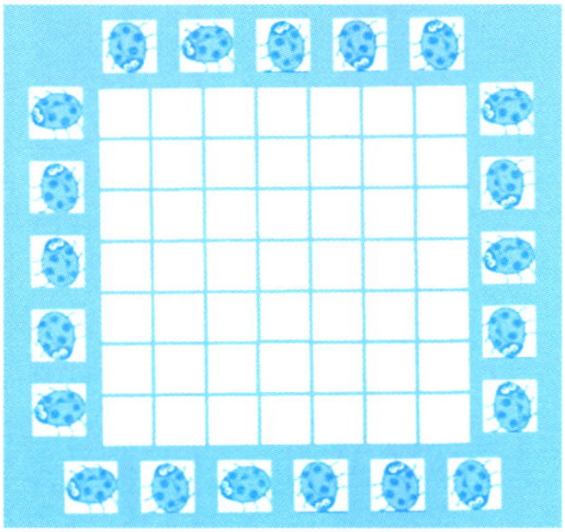

猜一猜

像面不是面，能用不能尝，遇水起白沫，去污又去脏。（打一物）

答案：洗衣粉。

35. 七巧板拼图

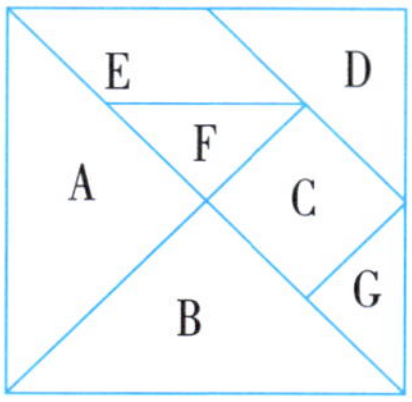

准备一张大小为8厘米×8厘米的硬纸板。如上图所示将纸剪成7块，再将各块组合出下列的形状，注意7块必须都用。

想一想

小明一向心直口快，什么事竟然会让他突然变得吞吞吐吐起来？

答案：他在吃甘蔗。

36. 6×6数独

		2			
		5		6	
	5			1	
5				3	
			5	2	

37. 8×8数独

				4			
4		5			8	1	3
	2						
8							
		6		5	7	3	
			8		4		
	3		1				

猜一猜

小军师，稳坐帐，八卦阵，捉来将。（打一动物）

答案：蜘蛛。

38. 探长出马

重案组的4位探长（分别标为1、2、3、4）接到报案后，奉命奔赴各自的案发现场（依次标为A、B、C、D）展开调查。已知这4位探长的行动路线没有交叉和重叠。请画出这4位探长所走的路线。

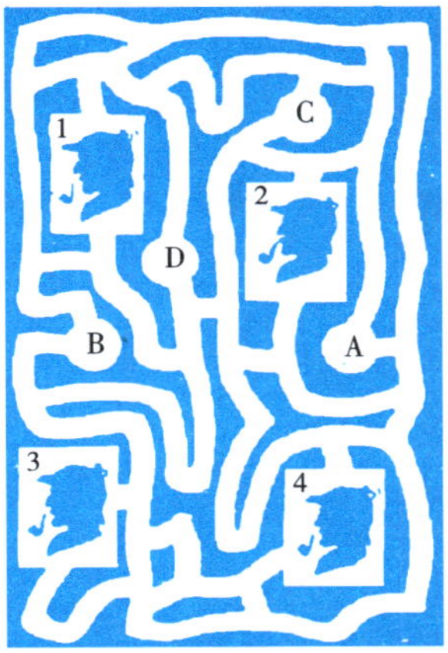

想一想

一个人被老虎穷追不舍，突然前面有一条大河，他不会游泳，但他却过去了，为什么？

答案：他是昏过去了。

39. 不同手势

图中的方框内有72个手势图案，请将这个方框分隔成12个部分，使每部分都包含方框上方的6种不同手势。

40. 巧拼花色

请将下面7块画有扑克花色的长方形小块拼成一个4×4的正方形。应该怎样拼呢?

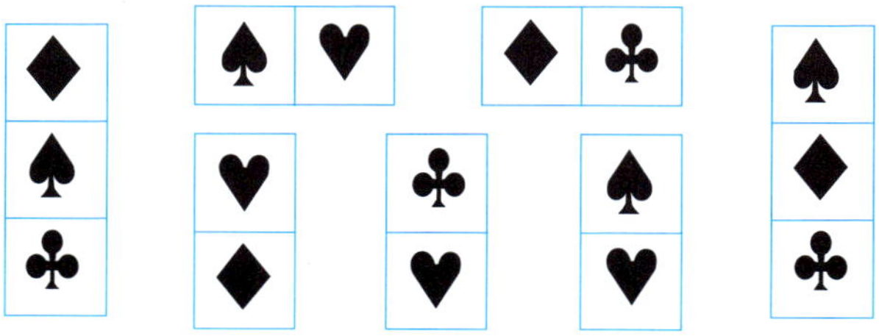

猜一猜

屋内有间房，有门没有窗，春风吹不进，四季冰凉凉。（打一电器）

答案：冰箱。

41. 长方形拼图

图中的组件正好可以拼成一个完整的长方形，具体应该怎样拼?

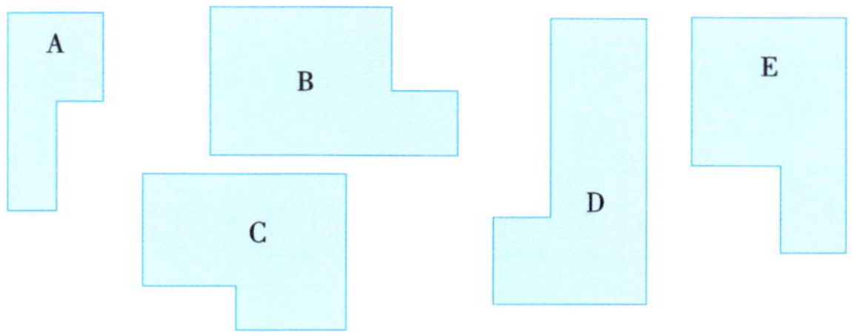

想一想

什么人每天靠运气赚钱?

答案：送煤气的工人。

42. 椭圆拼图

图中的组件正好可以拼成一个完整的椭圆，具体应怎样拼?

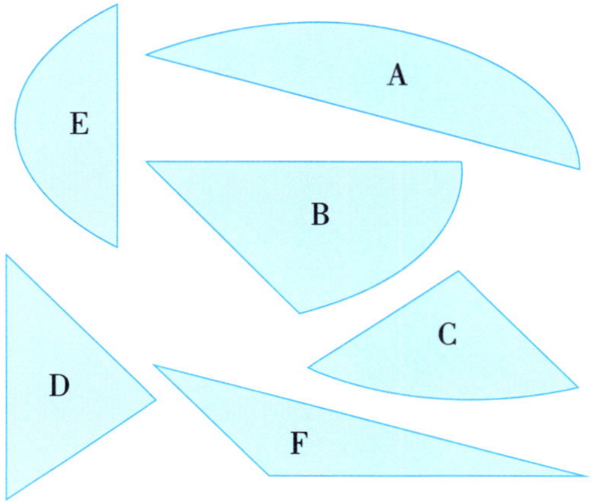

43. 巧妙连线

请将下图中的相同数字用线连起来，要求所有线都只能在1个方格的中间经过1次，不能重叠或交叉。

2		1	6	4		
		5		5	3	
			6			
			1			
	3				2	
						4

猜一猜

白裤子，绿衣裳，
胡子长在脚板上。
（打一植物）

答案：葱。

44. 数字连线

下图10×10的格子中标有2组1～9的数字。请用9条既不交叉又不重叠的线条将相同的数字连起来，并且经过所有空格。

	9							9	
			7	3	4	5			
	6		2			4			
			1			2			
			6	1	3	5			
8								8	
7									

想一想

小明说自己见过最聪明的鱼，你知道是什么鱼吗?

答案：鲸（精）鱼。

45. 数字迷宫

下图中的迷宫里有黑点、五星和小树这3种不同的符号，它们依次代表数字1、2、3。请从图中找出一条从A至B的合适通道，要求途经的所有符号之和等于45。

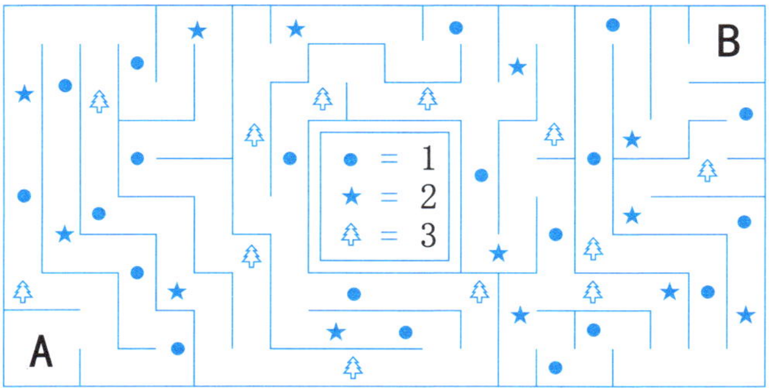

46. 2倍面积

图中有2个由火柴拼成的四边形，大四边形的面积是小四边形的2倍。现在请你从这2个图形中取走3根火柴，并重新拼成2个图形，要求大图形的面积仍然是小图形的2倍。应该怎样拼呢？

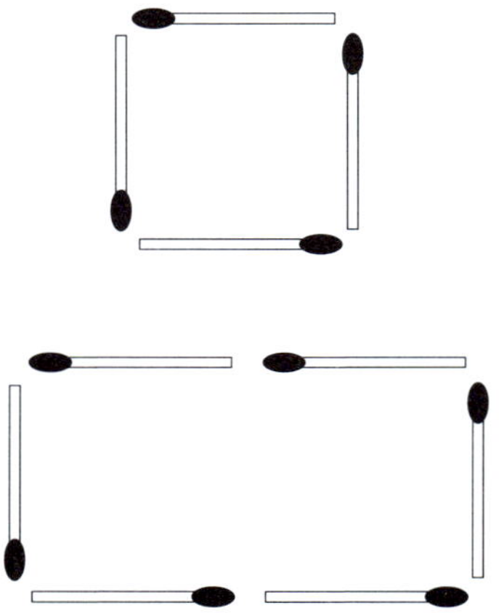

猜一猜

技术合作，
一手一点都不留。（打一字）

答案：枝。

47. 图形变单词

图中的菱形、三角形和2个正方形都是由火柴摆成的。现在请你移动其中3根火柴，使它们变成1个英文单词。应该怎样移呢?

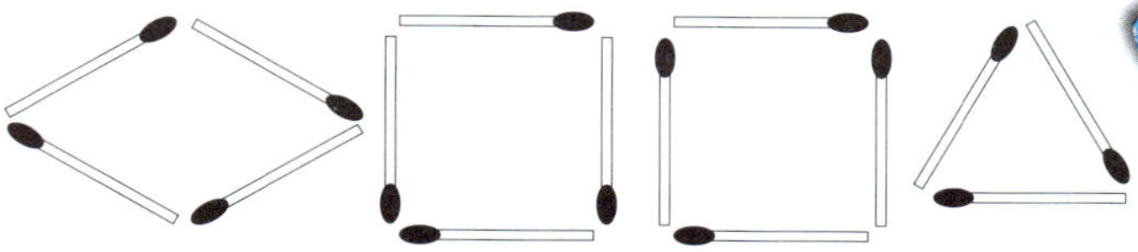

想一想

有一根棍子，要使它变短，但不许锯断、折断或削短，该怎么办?

答案：拿一根长的棍子跟它比。

48. 三星填数

请把数字5～9填入空白圆圈内，使每条直线上3个数字之和都相等。

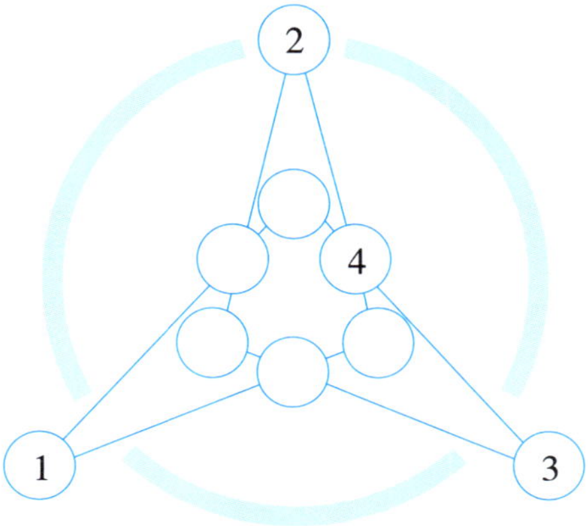

第四章答案

1.

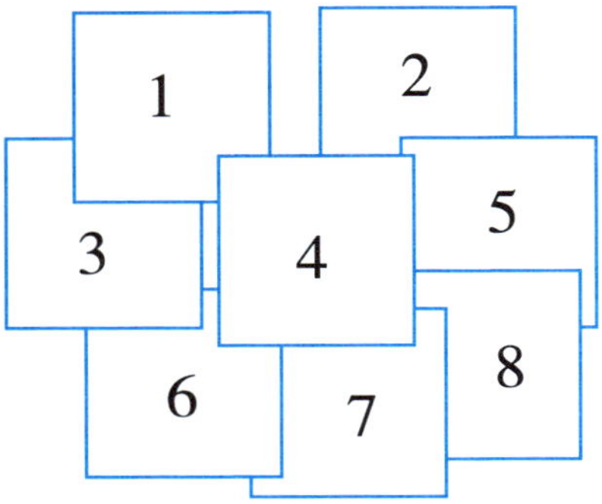

2.

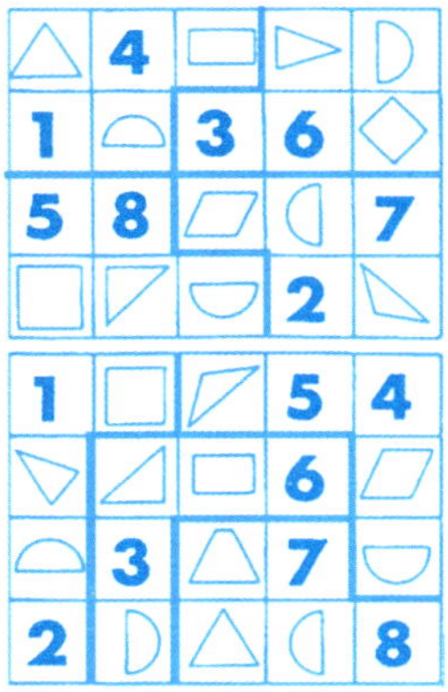

3.

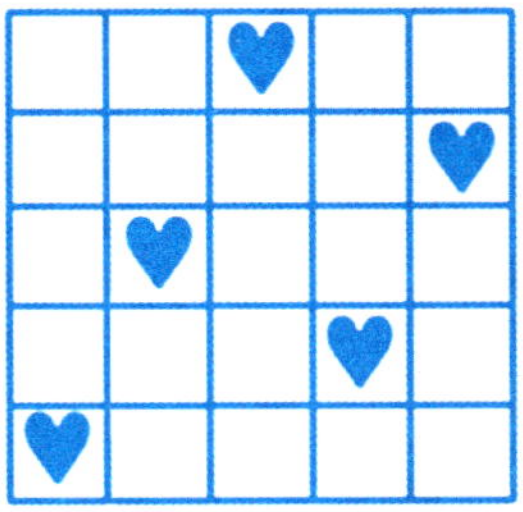

选2。将2填入方框后，5×5正方形中，每一行和每一列只会出现1个红心。

4.

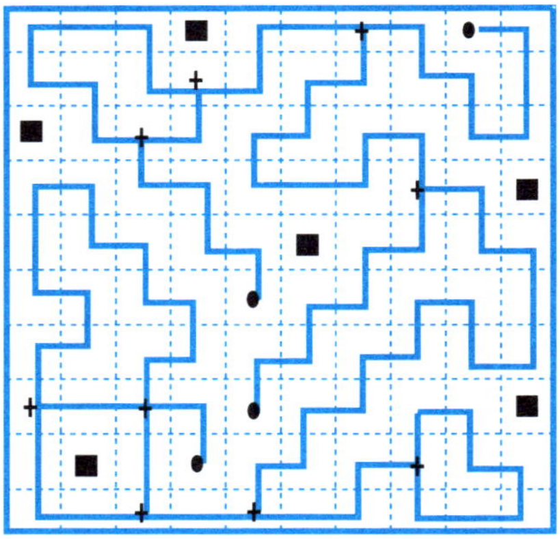

5.

6.

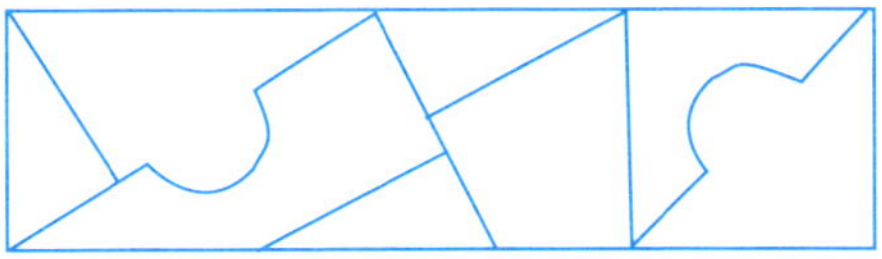

能。方法如上图。窍门是把图2的左半部分翻过来，与右半部分相接。

7.

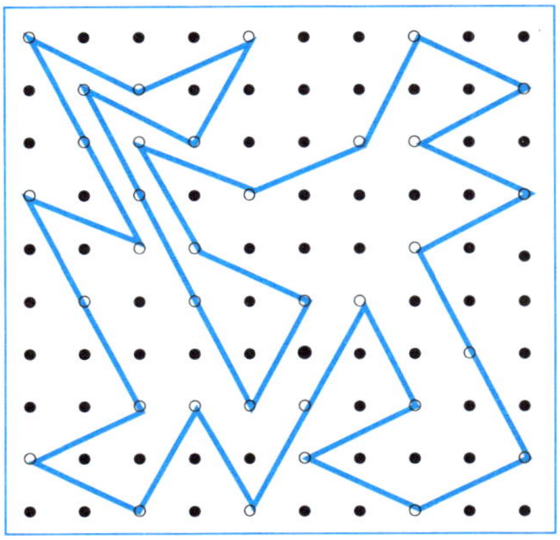

8.

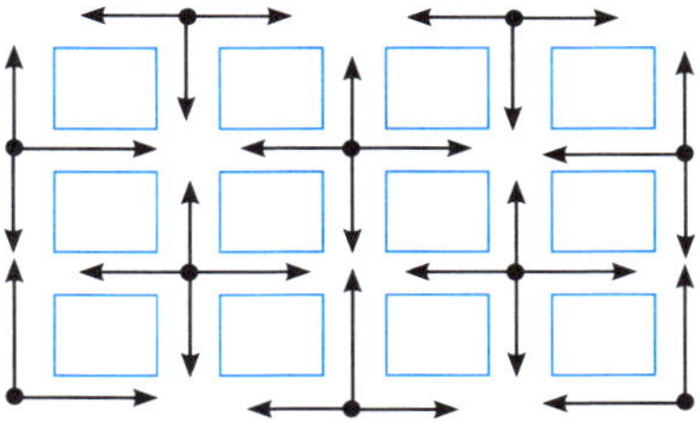

共需10位巡警。

9.

8	2	6	3	5	9	7	4	1
6	4	9	7	1	5	2	8	3

10.

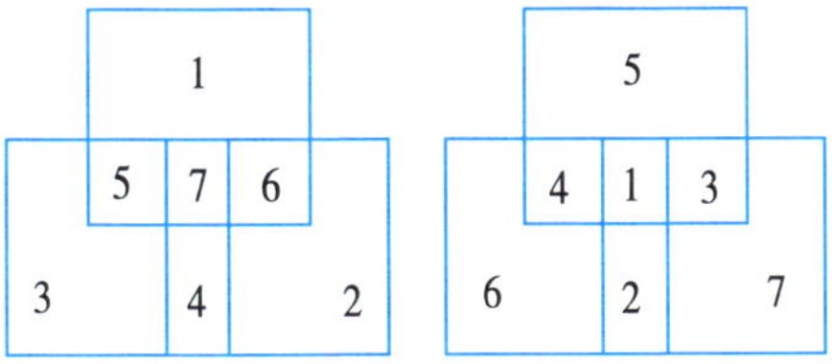

左上图3个小正方形内各数之和均为19，右上图3个小正方形内各数之和均为13。

11.

12.

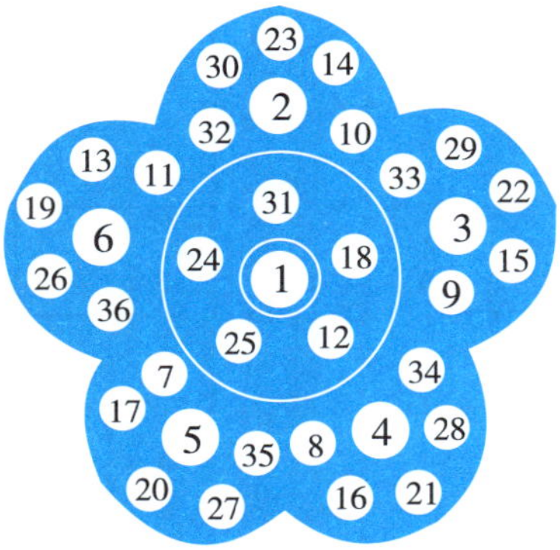

13.

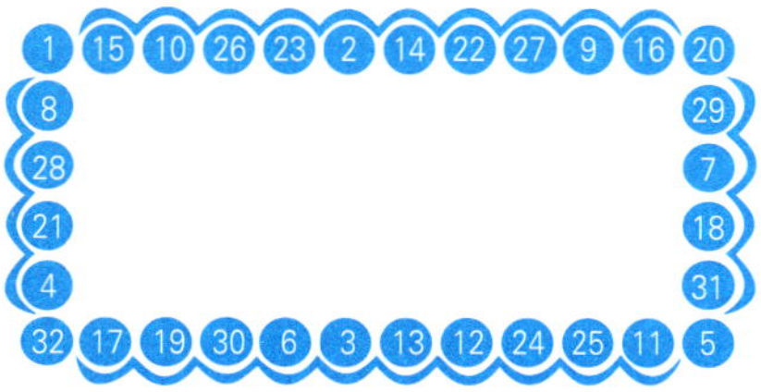

14.

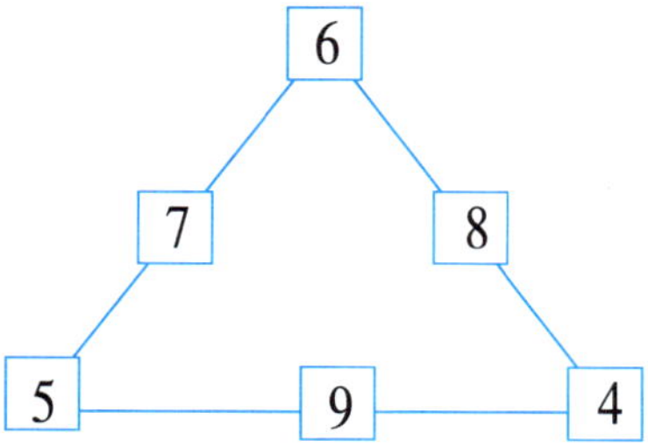

15.

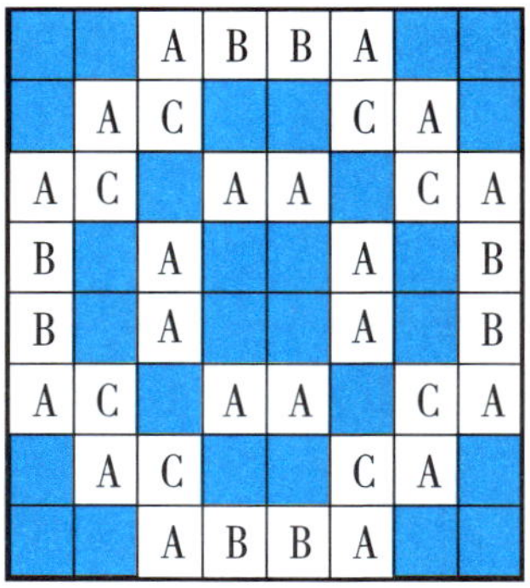

16.

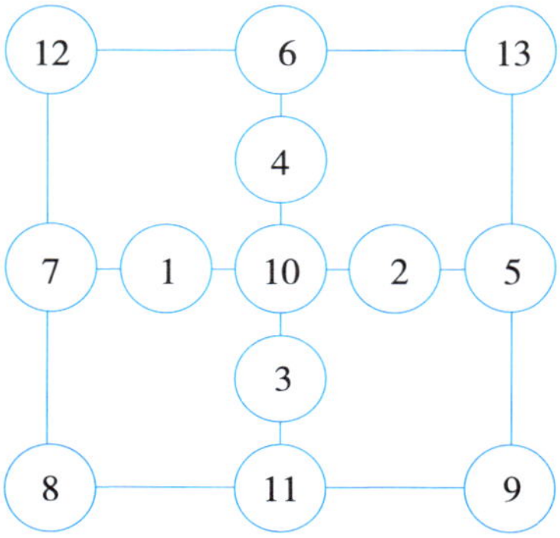

17.

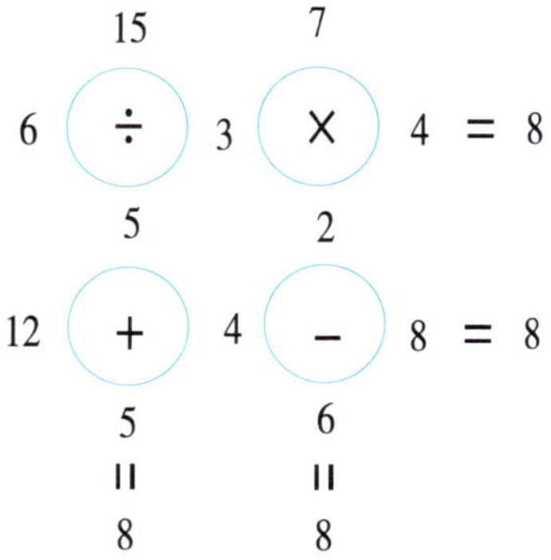

如上图所示，每一行与每一列的计算结果都等于8。

18. 我们可以这样想：用4根火柴可以组成2个“+”号、4个“-”号，或者1个“+”号和2个“-”号。以此为依据再进行推断，并得出：

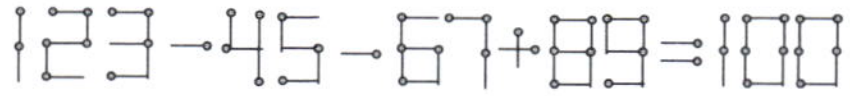

19.

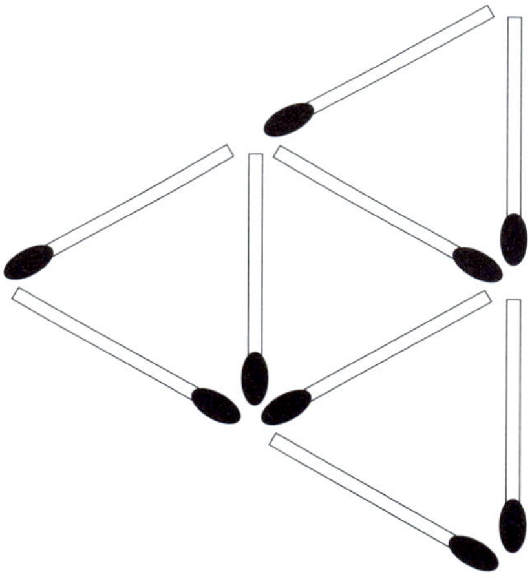

20.

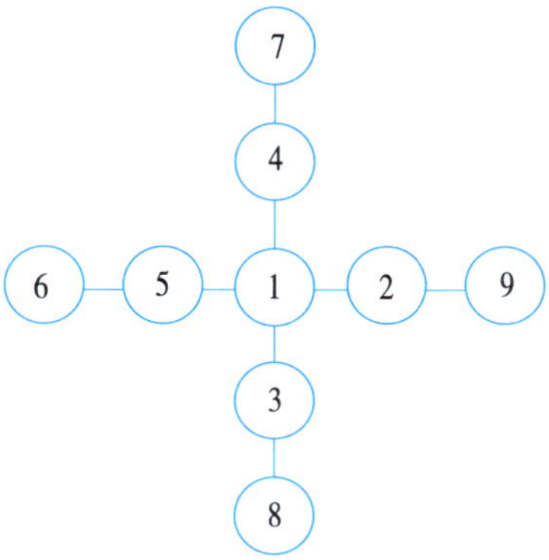

21.

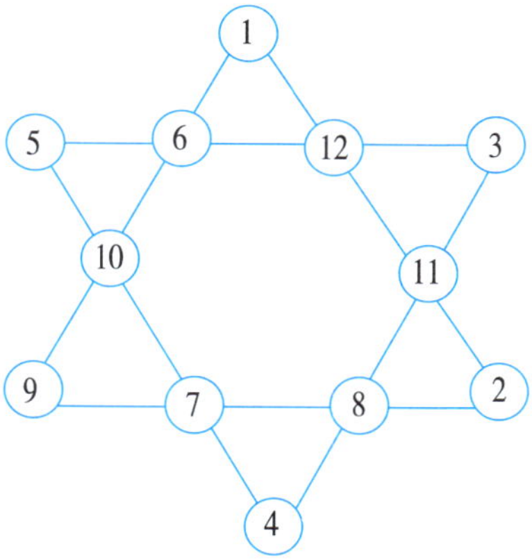

22.

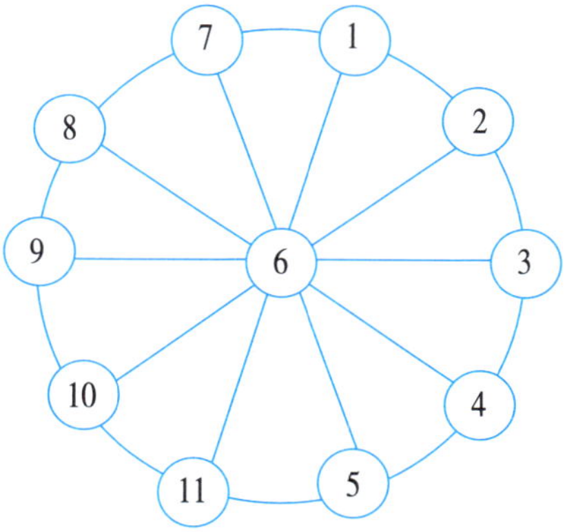

23.

6	−	5	=	1
÷				+
3				7
=				=
2	×	4	=	8

24.

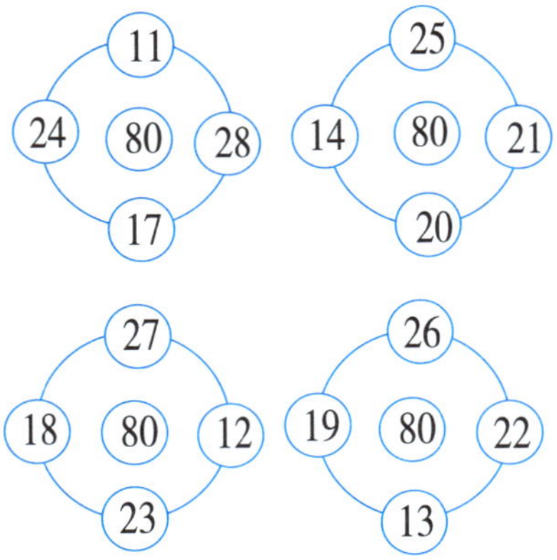

25.

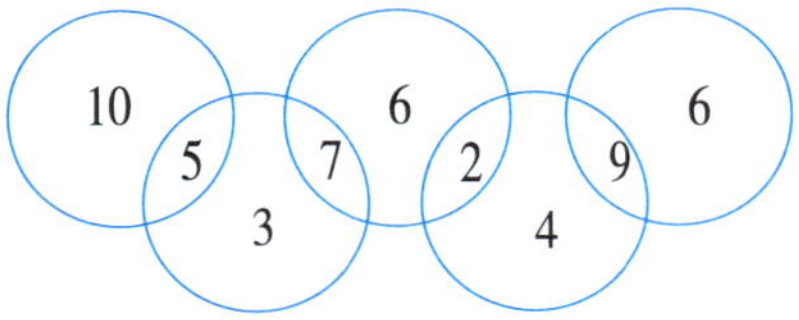

26.

$\frac{2}{15}$	$\frac{3}{5}$	$\frac{4}{15}$
$\frac{7}{15}$	$\frac{1}{3}$	$\frac{1}{5}$
$\frac{2}{5}$	$\frac{1}{15}$	$\frac{8}{15}$

27.

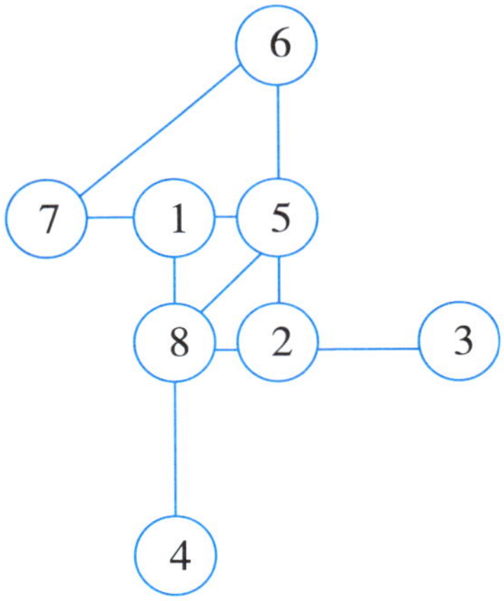

28.

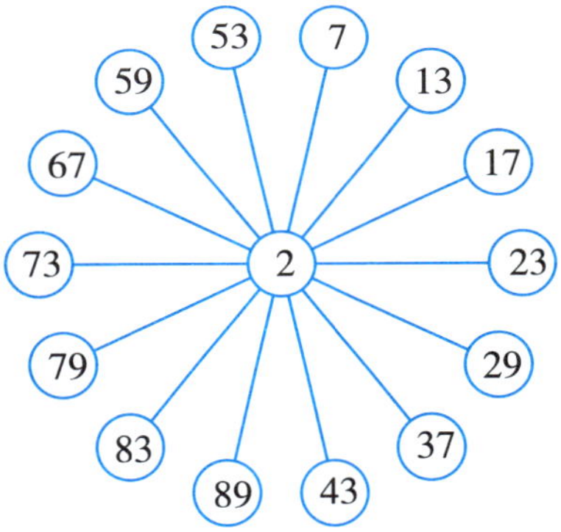

29.

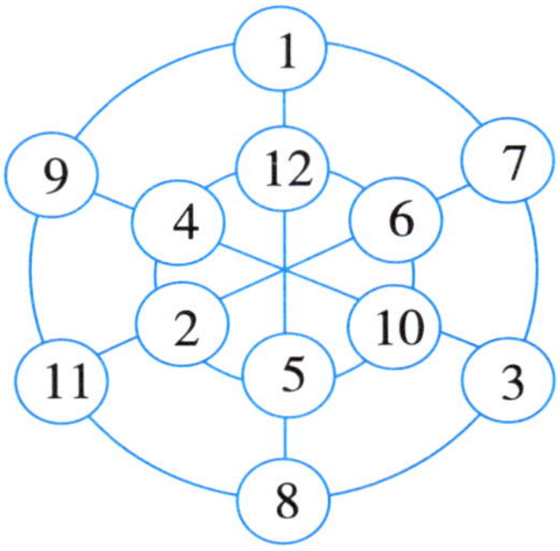

30.

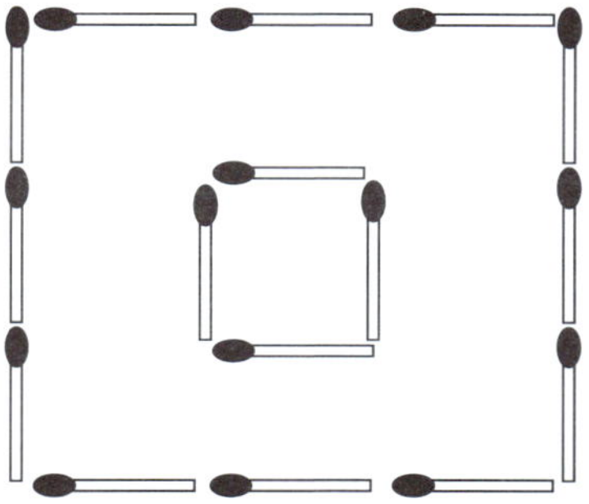

31.

（1）

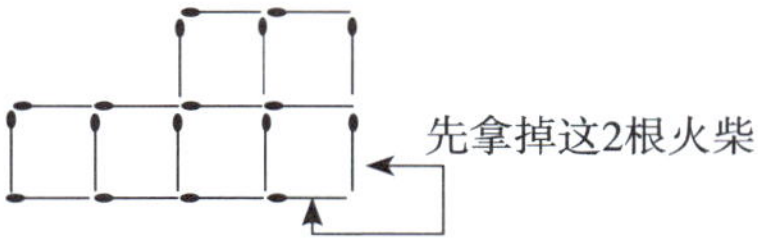

（2）

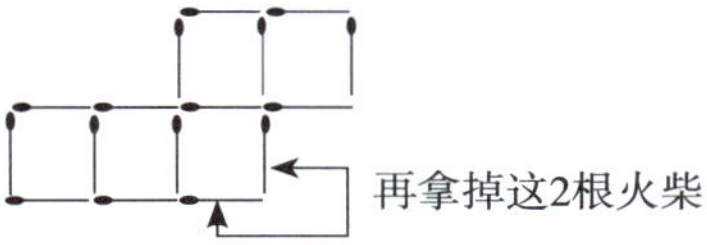

32.

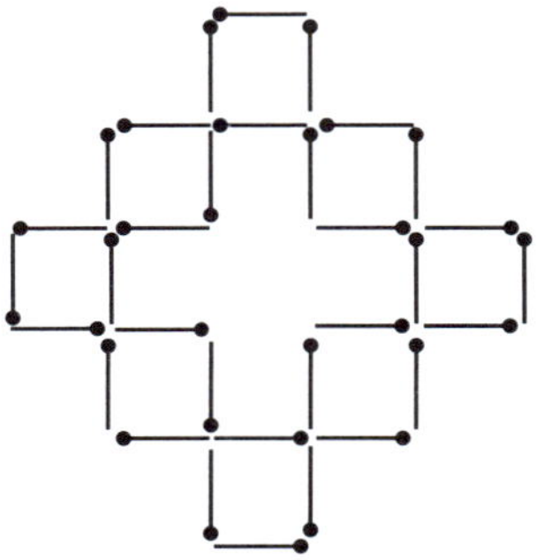

33.

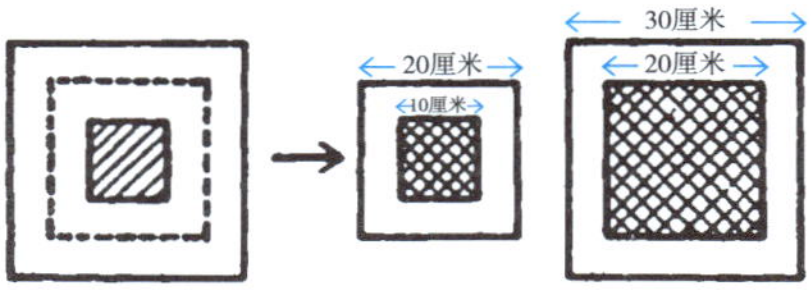

如上图所示，从距离大框外部边缘5厘米处的虚线处将画框切割成两部分即可。

34.

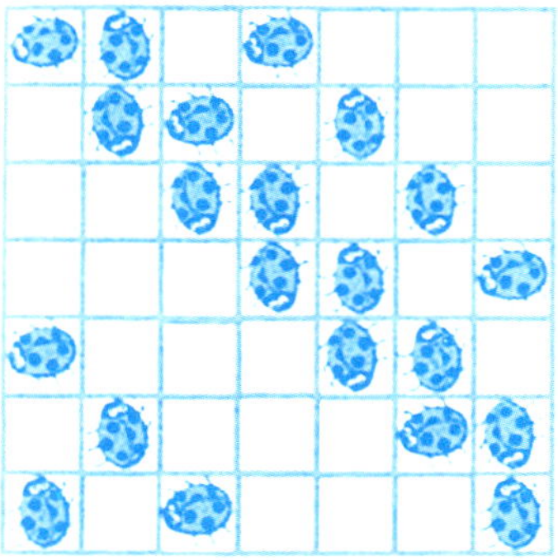

35.

36.

1	6	2	3	4	5
3	4	5	1	6	2
2	1	3	4	5	6
4	5	6	2	1	3
5	2	1	6	3	4
6	3	4	5	2	1

39.

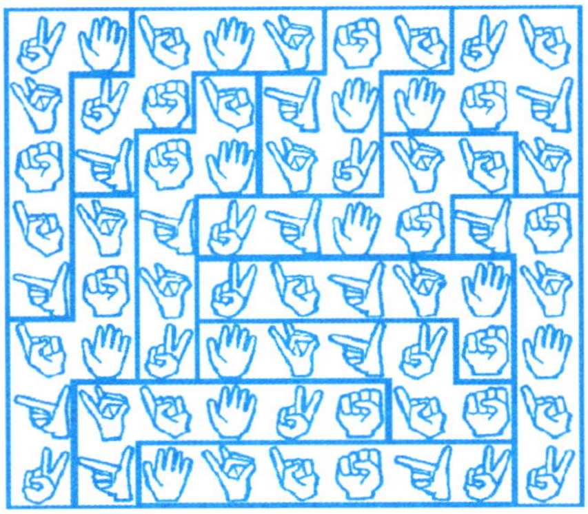

37.

1	8	2	3	4	5	6	7
4	6	5	7	2	8	1	3
3	2	1	5	7	6	8	4
8	4	7	6	1	3	5	2
2	1	6	4	5	7	3	8
5	7	3	8	6	4	2	1
6	3	4	1	8	2	7	5
7	5	8	2	3	1	4	6

40.

38.

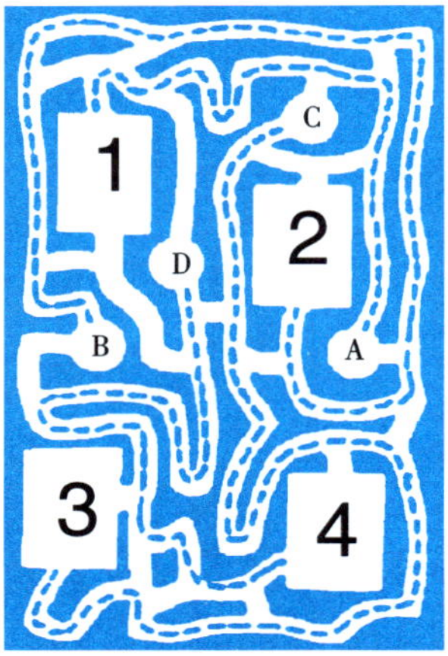

41.

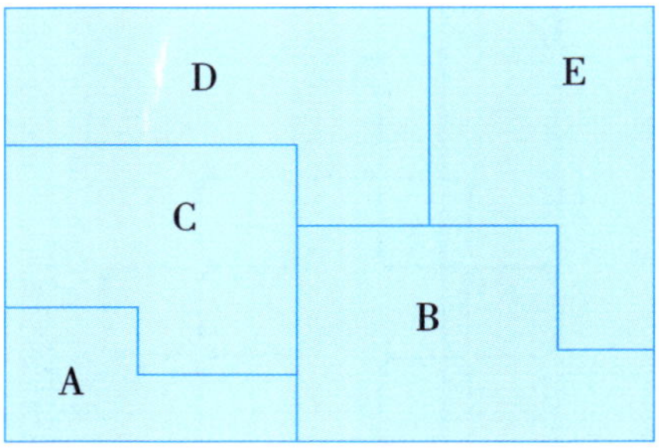

42.

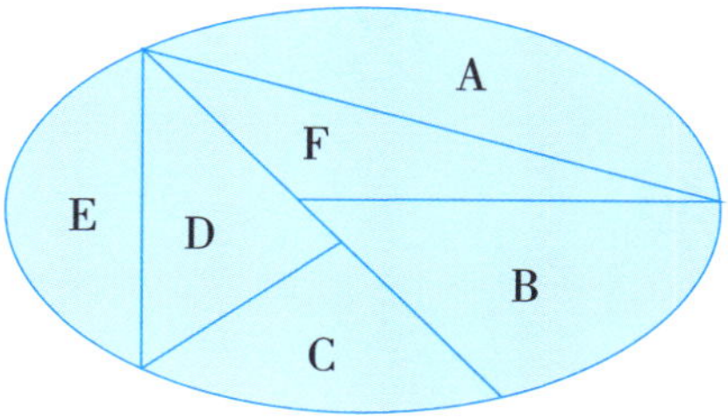

45.

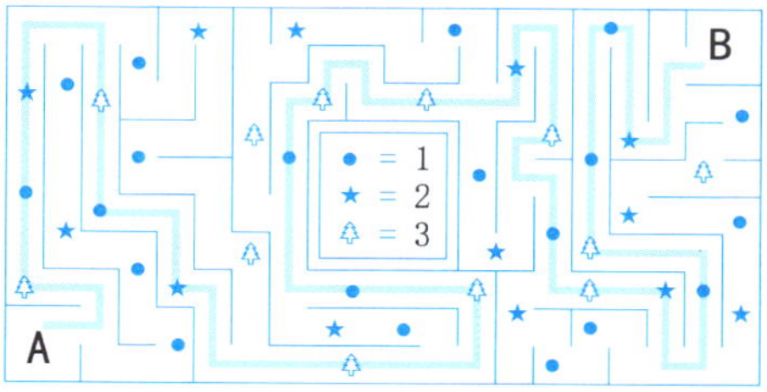

43.

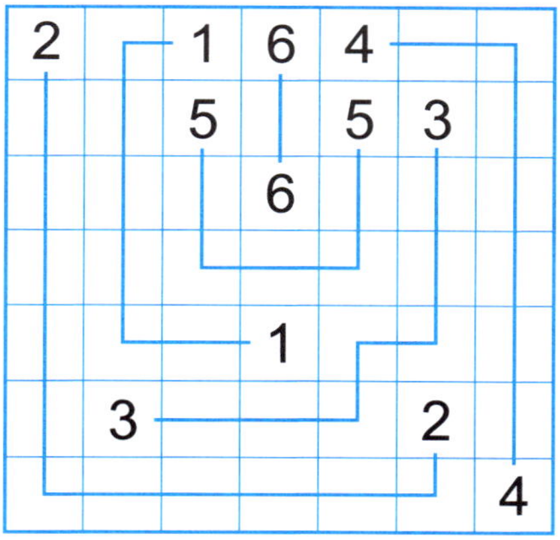

46.

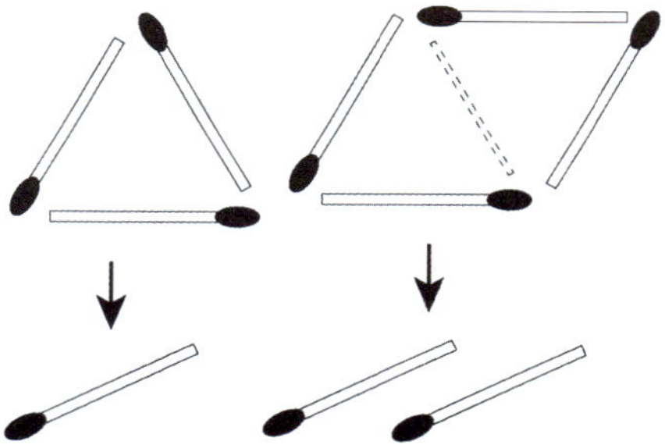

44.

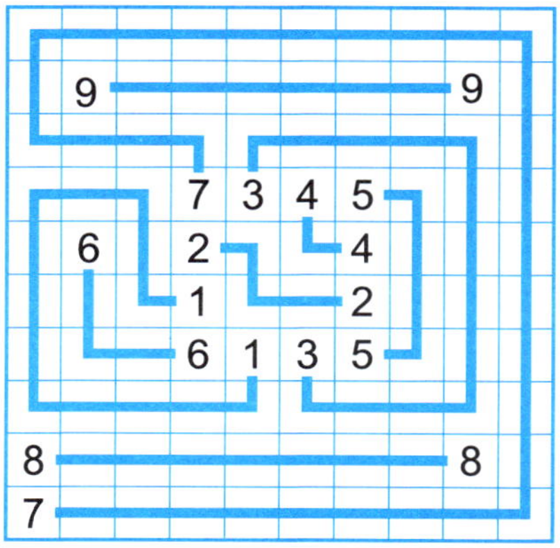

47.

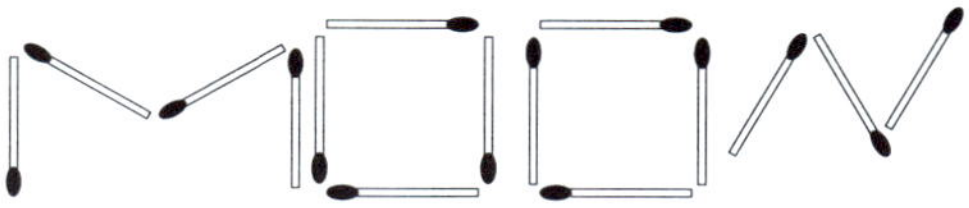

48.

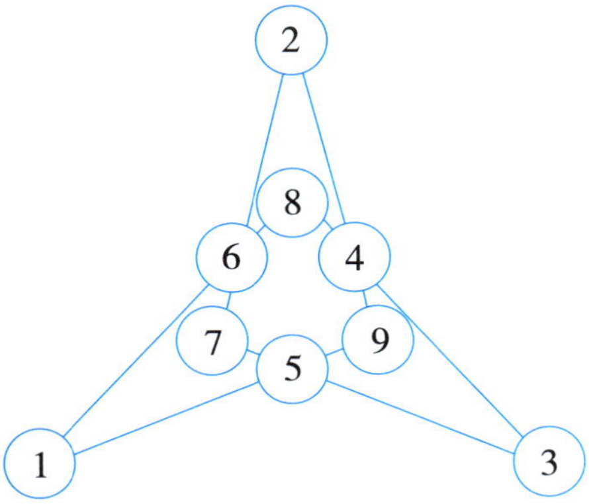

第五章
文字思维游戏

1. 看图猜字（1）

（打一字）

猜一猜

不知医药何来，
忽然沉疴脱体。
（打一历史人物）

答案：霍去病。

2. 看图猜字（2）

（打一字）

想一想

空着肚子能吃几个鸡蛋?

答案：一个，因为再吃的时候就不是空着肚子了。

3. 图形加减法（1）

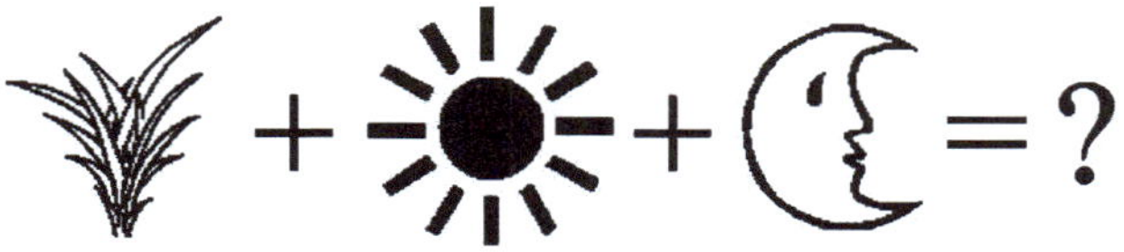

（打一字）

4. 图形加减法（2）

（打一字）

猜一猜

青一块，紫一块。
（打一字）

答案：素。

5. 图形加减法（3）

（打一字）

想一想

哥伦布踏上新大陆第一步后做的事情是什么?

答案：迈第二步。

6. 图形加减法（4）

（打一字）

7. 钟表字迷

（打一字）

猜一猜

左边五兄弟，
各进一道门；
右边五兄弟，
各进一道门；
若是进错门，
看了笑死人。
（打一物）

答案：手套。

8. 看图猜成语（1）

（打一成语）

9. 看图猜成语（2）

（打一成语）

想一想

小波比的一举一动都离不开绳子，为什么？

答案：小波比是个木偶。

10. 看图猜成语（3）

（打一成语）

猜一猜

牙齿尖，嘴巴长，肚里有副坏心肠，过年访友不带糖，鸡鸭家里拜年忙。（打一动物）

答案：黄鼠狼。

11. 看图猜成语（4）

（打一成语）

12. 看图猜成语（5）

（打一成语）

想一想

为什么蚕宝宝很有钱?

答案：因为蚕会结茧（节俭）。

13. 看图猜成语（6）

（打一成语）

猜一猜

身穿黑白袄，被人追着跑，偶然逃进门，一脚被踢跑。（打一运动项目）

答案：足球。

14. 看图猜成语（7）

（打一成语）

想一想

猩猩最讨厌什么线?

答案：平行线。因为平行线没有相交（香蕉）。

15. 汉字图形成语谜（1）

清

白白

（打一成语）

16. 汉字图形成语谜（2）

牛牛牛
牛牛牛
牛牛牛 毛

（打一成语）

猜一猜

问它不说话，肚里学问大，有啥不认识，忙去请教它。（打一物）

答案：字典。

17. 汉字图形成语谜（3）

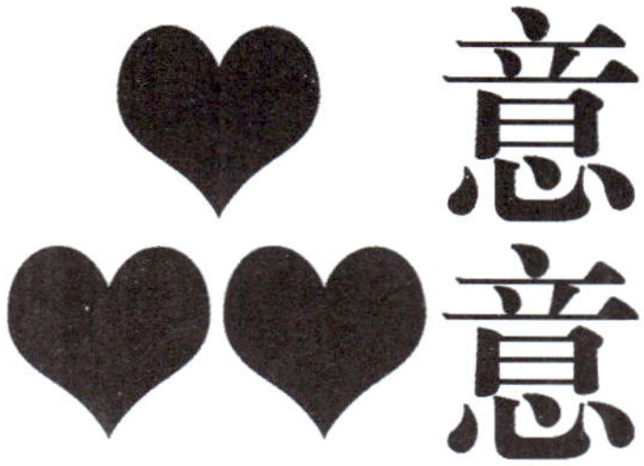

（打一成语）

想一想

放大镜不能放大的东西是什么？

答案：不能放大任何东西，只是看起来大。

18. 汉字图形成语谜（4）

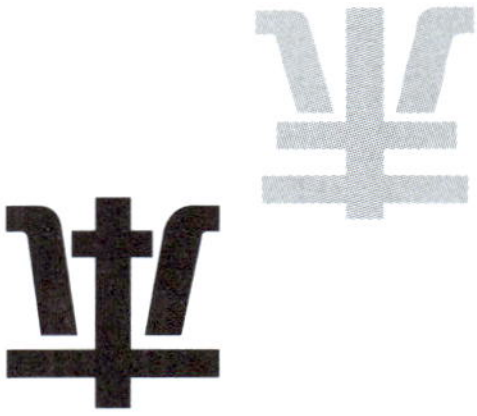

（打一成语）

19. 汉字图形成语谜（5）

（打一成语）

猜一猜

画的四周都是牙，身材小小走天下。（打一物）

答案：邮票。

20. 汉字图形成语谜（6）

（打一成语）

想一想

好心的汤姆去世了，天使要带他上天堂，为什么他坚决不肯去？

答案：因为他有恐高症。

21. 汉字图形成语谜（7）

（打一成语）

22. 汉字图形成语谜（8）

（打一成语）

猜一猜

不是西瓜却是球，
轻轻一拨就打转，
别看个头不算大，
看遍天下全靠它。
（打一教具）

答案：地球仪。

23. 汉字图形成语谜（9）

（打一成语）

想一想

什么东西从这边看由远变近，从那边看由近变远？

答案：望远镜。

24. 数字成语谜

（打一成语）

25. 汉字数字成语谜（1）

七

八

（打一成语）

猜一猜

此物真奇怪，有头却无颈，眼睛不会眨，无腿却能走，有翅也难飞。（打一动物）

答案：龟。

26. 汉字数字成语谜（2）

五
十

（打一成语）

> **想一想**
>
> 拿什么东西不用手?
>
> 
>
> 答案：拿主意。

27. 组合数字成语谜

一
ε

（打一成语）

28. 火柴成语谜（1）

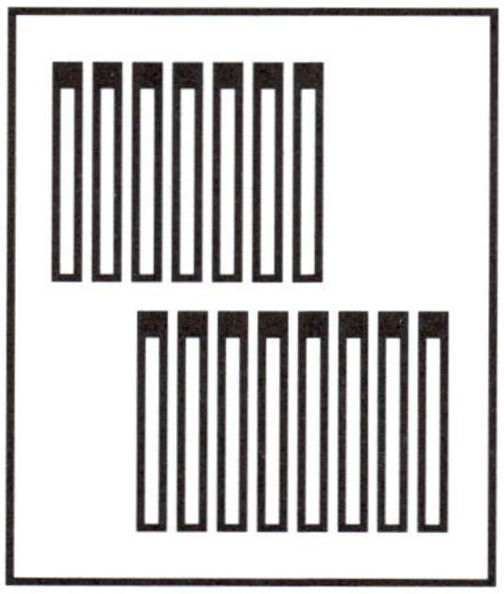

（打一成语）

猜一猜

脑袋尖尖银衣裳，
细细身子脚戴线，
缝缝补补它最行。
（打一物）

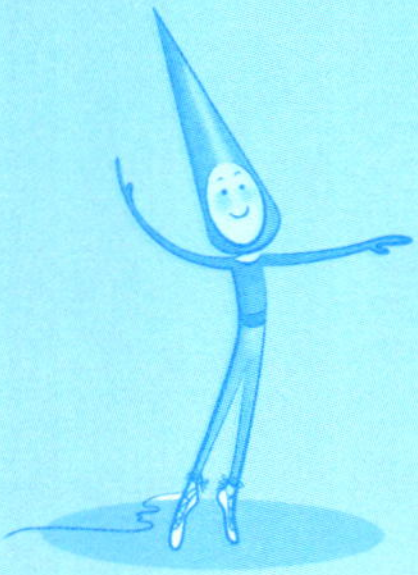

答案：针。

29. 火柴成语谜（2）

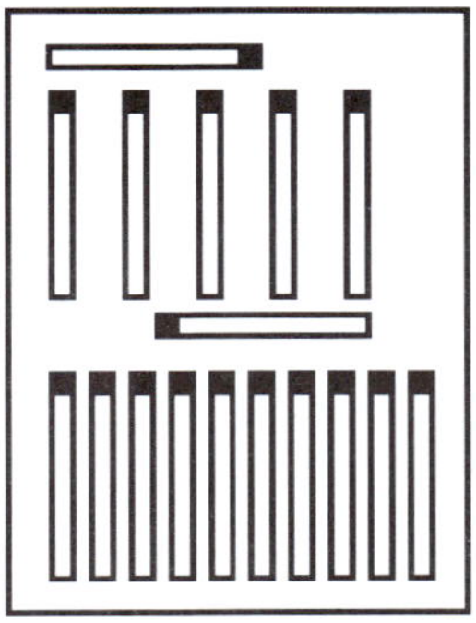

（打一成语）

想一想

哪种火车车厢最少？

答案：救火车。

30. 火柴成语谜（3）

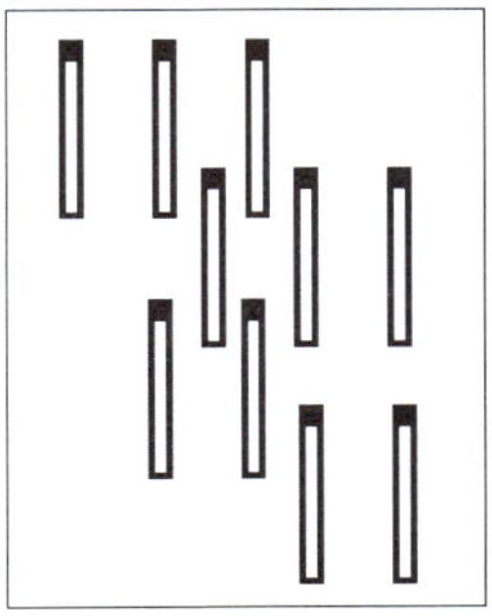

（打一成语）

31. 汉字图形成语谜（1）

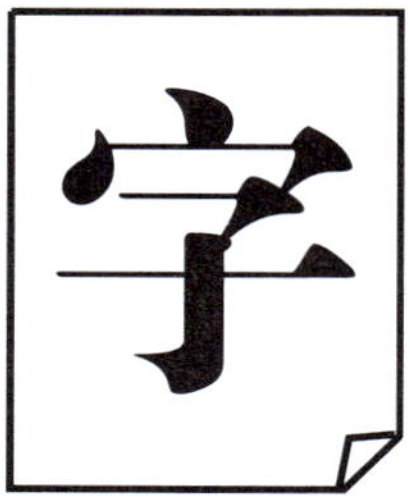

（打一成语）

猜一猜

悬崖勒马。（打一国家名）

答案：危地马拉。

32. 汉字图形成语谜（2）

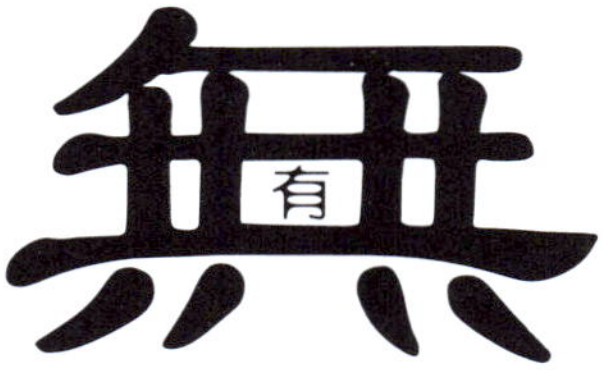

（打一成语）

想一想

哪种竹子不长在土里？

答案：爆竹。

33. 汉字图形成语谜（3）

（打一成语）

34. 汉字图形成语谜（4）

（打一成语）

猜一猜

兄弟二人不分家，
美名自古传万家。
（打一字）

答案：仁。

35. 汉字图形成语谜（5）

（打一成语）

36. 汉字图形成语谜（6）

（打一成语）

想一想

什么样的人最喜欢长发?

答案：理发师。

37. 汉字图形成语谜（7）

网 网 网 网 网 网 网 网

网

网

网

网 网 网 网 网 网 网 网

（打一成语）

猜一猜

小小红球，长满雀斑，咬它一口，牙齿酸倒。（打一植物）

答案：山楂。

38. 汉字图形成语谜（8）

僧僧僧僧僧僧
僧　粥　僧
僧　　　僧
僧僧僧僧僧僧

（打一成语）

39. 汉字图形成语谜（9）

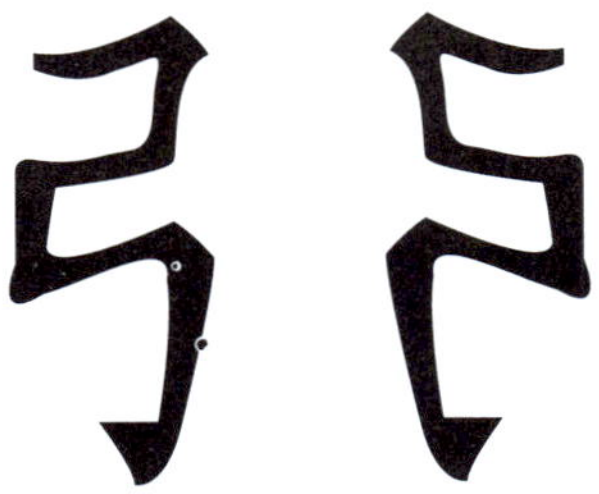

（打一成语）

40. 汉字图形成语谜（10）

口 ☑

心 ☒

（打一成语）

猜一猜

脸上长管子，头挂大蒲扇，身子壮如山，能把人来扛。（打一动物）

答案：大象。

41. 空心字成语谜

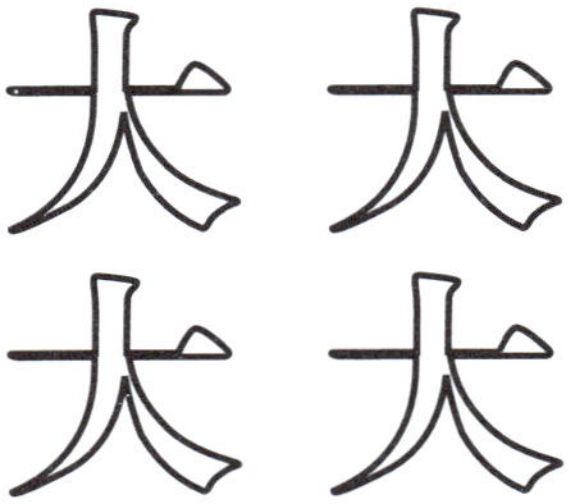

（打一成语）

想一想

什么事情是天不知道地知道，你不知道我知道？

答案：鞋底破了一个洞。

42. 看图猜字

（打一字）

43. 梅花字谜

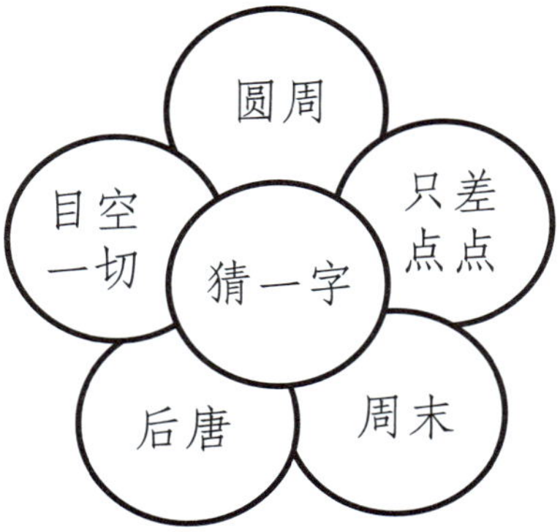

猜一猜

要下不要上，
扔左不扔右。
（打一字）

答案：奶。

44. 拆字认字

这里有6个很普通的汉字，只不过它们被人拆成了三部分，请你将它们还原。

想一想

什么样的河人们永远也渡不过去？

答案：银河。

45. 空格填字

在空格中填字组成五个成语。

46. 动物成语

请根据方格内的动物，在每个空格中各填入一个字，使它们分别连成一个成语。

猜一猜

一个小东西，长有两条腿，一腿是金属，一腿是铅笔，两腿一配合，就能画个圆。（打一文具）

答案：圆规。

47. 象棋上的成语

象棋是一项起源于中国的古老娱乐活动。下图就是一个象棋棋盘，请你在每个空白棋子上填入一个适当的字，使横竖相邻的4个棋子能够组成一个成语。

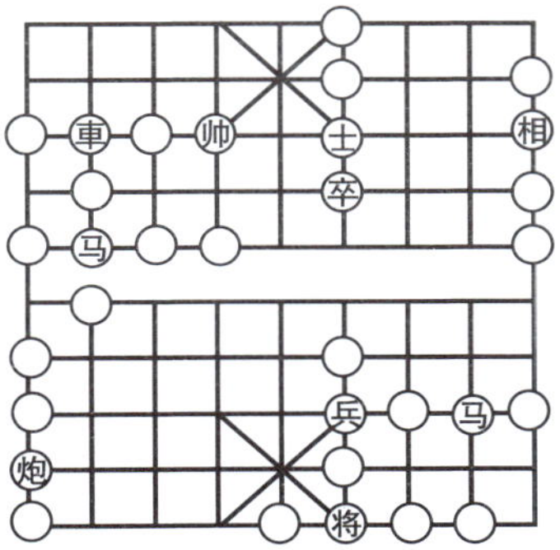

想一想

有只小松鼠朝西跑，又向右转了90度接着往前跑。请问：这只小松鼠的尾巴朝哪里？

答案：朝天。

48. 填字成名

请你在图中空格里填上一个字，使它与其他8个字组成7 种水果名。

比	市	兆
子		口
甘	利	巴

49. 图文地名谜

木
木木
木木木
木木木木
木木木木木
木木木木木木
木木木木木木木
木木木木木木木木

（打一新疆地名）

猜一猜

给爷爷出谋划策。
（打一历史人物）

答案：孙策。

第五章答案

1.腥。

2.呀。

3.萌。

4.骄。

5.权。

6.盯。

7.丸。（表上的时刻为“九点”，“九”和“点”恰好可以组成一个“丸”字。）

8.漆黑一团。

9.九牛二虎。

10.胸有成竹。

11.针锋相对。

12.锦上添花。

13.掌上明珠。

14.以卵击石。

15.一清二白。

16.九牛一毛。

17.三心二意。

18.本末倒置。

19.羊入虎口。

20.里应外合。

21.粗中有细。

22.长话短说。

23.井底之蛙。

24.接二连三。

25.七上八下。

26.一五一十。

27.举一反三。

28.七上八下。（两组火柴，七根在上面，八根在下面。这是最简单、最常见的“火柴谜语”。）

29.一五一十。

30.三三两两。

31.白纸黑字。

32.无中生有。

33.开门见山。

34.一手遮天。

35.三言两语。

36.四脚朝天。

37.网开一面。

38.僧多粥少。

39.左右开弓。

40.口是心非。

41.四大皆空。

42.晌。

43.口。

44.急、肉、茶、体、死、投。

45.如下图：

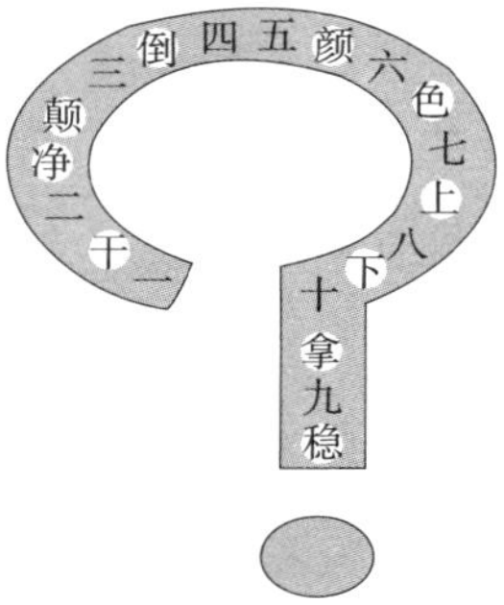

46.如下图：

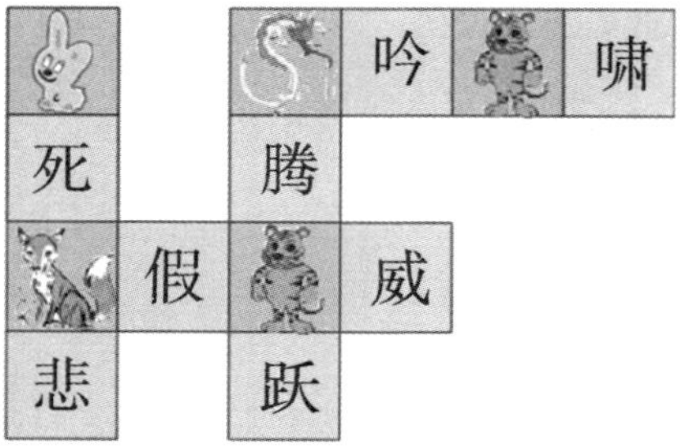

47.如下：

丢车保帅　车水马龙

一马当先　身先士卒

自相矛盾　如法炮制

调兵遣将　行将就木

兵荒马乱

48.“木”字。

比	市	兆
子	木	口
甘	利	巴

49.塔里木。